中学英語で通訳ができる

CD付き

You can be an interpreter

向 鎌治郎
MUKAI Kenjiro
＋
丸山祥夫
MARUYAMA Yoshio

日本通訳協会 編

The Japan Times

はじめに

　「通訳」と聞いて、みなさんはどんなことをイメージしますか。
　各国の代表が集まる国際会議で、難しい内容を流暢に通訳しているブースの中の会議通訳者でしょうか。テレビで外国の著名なスポーツ選手やアーティストのインタビューを通訳している姿でしょうか。日本企業と外国企業間の商談を通訳する姿でしょうか。しかし、通訳が行われるのは、このようなプロ通訳者が活躍する場面ばかりではありません。
　最近は通訳の場がどんどん広がっています。都会でも地方でも日本に在住する外国人が年々増え、電車の中でも買い物でも、あるいは通りでの道案内にも、ちょっとした通訳が必要な場面がどんどん増えています。また姉妹都市交流や中学・高校生の国際交流プログラム等でも世界の共通語となってきた「英語」の需要が増え、だれでもやさしい英語を使い、簡単な通訳ならできることが必要になってきています。またそうすることで個人の生活空間がぐんと広がり、より楽しくなります。
　プロが行う通訳に対して、このような国際交流や日常生活の場面での自発的な通訳を「ボランティア通訳」と総称します。このボランティア通訳は各自治体の交流プログラム等でも大きな役割を果たしており、近年行われた長野オリンピックでも多数活躍しました。
　私たちは普通、中学1年から（2002年からは小学校4年生から）英語の勉強を始めます。そして大人になるまでにかなりの時間を英語学習にあてています。ですから、だれでも多少の英語はできて当たり前です。しかし、「通訳をお願いできますか」と頼まれると「私にはとても…」と尻込みをする人が大半です。「通訳」は何か特別の能力を持ったプロが行うものと思いこんでいるからです。
　そのような方々もこの本を通読し、付属のCDを使って「通訳トレーニング」を行っていただければ、ボランティア通訳であれば、だれでも知っている中学英語で十分通訳ができることがわかります。

たとえば電車の中で"Shibuya? Shibuya?"と叫んでいる外国人がいたとします。「あと3つ先の停車駅がそうですよ」と教えてあげたいけれど、英語で何と言えばいいのか、文型やら文法やらをあれこれ考えたあげく、たいていの人は結局黙りこんだままです。でも難しく考える必要はないのです。"3 more stops."と言ってあげればそれで十分です。これならだれでも知っていますね。そうです。私たちは、本当はいっぱい英語を知っているのに使っていないだけなのです。

　パーティーで「それでは田中さんに指名されましたので、僭越ながら一言ご挨拶申し上げます」といった挨拶を通訳するとします。これも"Thank you, Mr. Tanaka. Good morning, everybody."と切り出せばいいのです。「はじめまして。今後ともよろしくお願いします」は単に"How do you do?"でOKです。挨拶のような英語の決まり文句には、決まった訳し方があり、一度覚えてしまえば、あとは慣れだけなのです。

　さあ、英語や通訳を必要以上に難しく考えるのはもうやめましょう。これまでに知っている英語は、カー、ホテル、シャツ、ランチ、エアポート……など日本語に帰化した英語を含めると、だれでも1,000語くらいの語彙力はすでに持っているのです。あとは自分に必要な分野の単語や表現を少々覚えればそれで十分です。もう、これ以上詰め込む（input）必要はありません。これからは知っている英語をどんどん使う（output）ことです。「さよならインプット、こんにちはアウトプット」です。

　この本は「通訳トレーニング」の本であり、また「英語をアウトプットする訓練教本」でもあります。以下に本書の特色をまとめてみます。

1．「通訳」は決して難しいものではなく、中学英語のレベルで十分行えること、しかも簡単な同時通訳まで行えることを実証します。

2．通訳のトレーニングは、じつは英語の会話力をつけるための理想的な訓練法でもあります。それは、次のような理由からです。
　（1）「通訳」しなければならない、つまり英語を口に出さざるを得な

いために、話す力（アウトプット能力）が自然に身につく。
(2) 外国人がいないために話す練習ができない、というマイナス点がなくなる。（CDを使ってひとりでどんどん学習ができる。）
(3) 「通訳」は時間に追われ、即座に意思を相手に伝える訓練である。この練習を通して自然に細かい文法ミスよりも、大事な話の内容（コンセプト）を伝えるという「コミュニカティブ・アプローチ」の効果的な学習方法となる。
(4) 結局「通訳」とは、インプット（入力）され脱言語化されたコンセプトを別の言語に再度言語化してアウトプット（出力）するのであり、ひとつの言語から別の言語に直接置き換えるのではないという、語学学習の大前提がわかってくる。「英語は英語で考えろ」といわれる意味がわかってくる。
(5) そして、なによりも英語学習が楽しくてしかたがなくなる。通訳の基礎訓練はやってみればとても楽しいことがわかるし、自分の英語力がどんどん伸びていることに気づけば学習がもっと楽しくなる。この「楽しいということ」、これが英語力を伸ばす一番の原動力になる。要するに「通訳訓練法」は英語力を伸ばす最良の「英語学習法」のひとつであると言える。

3．英語の基本といわれる中学英語の語彙や構文を、繰り返し練習（しかも音声に出して）できるように巧妙に構成されていますので英語の基礎力が身体を通してしっかりと身につきます。基礎力はこれで十分で、それに各分野ごとの専門語彙だけ加えれば、あとはもう慣れと度胸だけで専門分野の通訳も十分できるようになります。本書には「商談」も練習の中に取り入れています。中学英語で十分通じるからであり、また、これからのビジネスには、インターネットの普及もあり、多かれ少なかれ英語力が必要になってくるでしょう。自分の仕事の分野に関してはなんとか英語でやりとりができるようになりましょう。
　英語の実力を身につける方法として、よく「英語のシャワーを浴び

る」とか、教材を何度も声に出して読む「只管朗読（しかんろうどく）」が言われますが、本書では、同じ教材に、さまざまなトレーニング方法で取り組むので、飽きることなく、学ぶことができます。

4．日本通訳協会主催の語学資格試験である「ボランティア通訳検定」（通称"V通検"、巻末参照）の受験準備テキストとして最適です。

以上、いろいろと述べましたが、一番伝えたいことは、本書は①通訳の基礎訓練を通して、②だれでも楽しく学び、③自然に飽きることなく実用的で十分な英語力を身につけることができる、という"新しい英語学習の本"である、ということになります。

本書は向と丸山の共同執筆の本です。本書の基本構成や練習方法等を向が主に担当し、解説や練習問題は丸山が中心となり担当しました。2人はこの本の執筆を開始するにあたり、「だれでも簡単に練習できる通訳の本はつくれないか」「大学や専門学校の通訳クラスで使える教本が欲しい」「効果的な新しい英語教育の方法はないか」「英語のプロでなくても、日常生活や簡単な商談に活用できる本にしたい」など少々欲張りな目標を掲げ、何度もミーティングを持ち、時間をかけてコンセプトを固めていきました。

通訳の学習は「異文化」について強く意識し、勉強することになることもよく2人で話し合いました。「青信号」や「青葉」の「青」は、"blue"ではなく、"green"です。すなわち日本語の「青」は「緑」の意味を持っていること。ただ「行きます」という主語が消えた日本語を英語に訳すときは主語を足して"I go."なのか"We go."なのかを常に考えなければならない点。「検討します」が"Yes."を意味するのか"No."を意味するのか、"He is different."を米語では「彼は他の人にないものを持っている」と肯定的に使うのに対し、日本語は「彼は変わっている」と否定的なニュアンスとなるなど、同じような言葉でも文化が異なると認識が変わってく

るのです。実際に通訳を行う上でこのような知識は不可欠ですが、頁数の都合上、次の機会に取り上げたいと思います。

　本書の出版にあたって多くの方々のお世話になりました。とくに本書の企画を取り上げてくださったジャパンタイムズの齋藤純一出版事業局長、そして本書を担当してくださった道又敬敏氏に深くお礼申し上げます。
　本書によって、ひとりでも多くの人がより英語に親しみ、そして気軽に通訳をするようになっていただければ望外の喜びです。

2000年晩秋
向　鎌治郎
丸山　祥夫

■中学英語で通訳ができる

CONTENTS

PART I 通訳とは 1

Chapter 1 通訳の基礎知識 …… 3

1. 通訳の種類　4
   アテンド通訳● 4
   ガイド通訳● 5
   耳打ち通訳● 6
   パーティー通訳● 8
   スピーチ通訳● 8
   商談通訳● 13
   会議通訳● 16

2. 通訳の方法　20
   要約通訳● 20
   逐次通訳● 20
   同時通訳● 22

3. 英日通訳と日英通訳　24
   英日通訳に関する留意点● 24
   日英通訳に関する留意点● 25

Chapter 2 英語はまず「音」を聞き取ることから …… 27

   リズム● 28
   母音● 29
   子音● 29
   アクセント● 30
   ストレス● 31
   イントネーション● 32
   トーン● 34

Chapter 3 いろいろな通訳トレーニング……35

1. シャドーイング練習 36
   シャドーイングは同時通訳の入門編 ● 38

2. キーワードを捕まえる練習 40

3.「イメージ化」練習 43
   イメージでプロットを捕まえる ● 43

Chapter 4 通訳メモの取り方……45

1. 通訳メモの重要性 46
   暗号化されたノート ● 46

2. ノート・テーキングの基本 48

3. 実際のノート・テーキング 53
   必携する3つの道具 ● 53
   書き方のスタイル ● 54

Chapter 5 同時通訳の基本……55

1. 英語を頭から訳していく 56

2. FIFOの原則 57

3. 英日同時通訳の基礎練習 60

4. サイト・トランスレーション 62

VII

Chapter 6 知っておこう…… 63

    1．ミスを恐れることが最大のミス　**64**

    2．大ベテランも間違える　**67**

    3．日本人の弱点　**68**
        文法編 ● **69**
        語彙編 ● **71**

PART II　実践通訳演習　　83

通訳トレーニングの進め方…… **84**

英日通訳（Exercise 1 — 25）…… **88**

日英通訳（Exercise 26 — 50）…… **113**

通訳例…… **138**

Appendix　ボランティア通訳検定試験に挑戦してみよう…… **158**

■付属 CD（収録時間 76 分 36 秒）

ジャケット・デザイン●赤谷直宣
本文レイアウト●(株)芳林社
本文イラスト●大竹雄介
DTP ●(有)ギルド

PART I

通訳とは

Chapter 1

通訳の基礎知識

1 通訳の種類

　一口に通訳と言ってもいろいろな種類があります。簡単なものから順に紹介していきましょう。難しい種類の通訳でも、一定の条件を満たせば十分中学英語で行うことが可能です。
　なお、本書では「通訳という事象」(interpretation)と「通訳者」(interpreter)をともに「通訳」と呼んでいます。ただし「通訳する人」という意味を強調するために、「通訳」ではなく「通訳者」と書く場合があります。

アテンド通訳

　買い物など、ちょっとした場面でお手伝いとして通訳することです。アドホック（ad hoc ＝その場の）通訳とも言います。

> 外国人：I'm looking for a pearl necklace.
> 通　訳：「真珠のネックレスが欲しい」と言っていますよ。

　後で詳しく説明しますが、正式な通訳では発言者の立場で「(私は)真珠が欲しいのですが」と通訳するのですが、アテンド通訳の場合はごく気軽に「……と言っていますよ」で結構です。「ここではそれは売っていません」を正式には"We don't carry it here."または"It's not available here."ですが、中学英語で言うと"We don't sell it."または、三人称扱いで"They don't have it."と訳してもOKです。
　外国人が困っていたら、"May I help you?"または"Anything I can do?"と通訳を買って出てみましょう。
　アテンド通訳に便利と思われる表現の例を少しあげておきますので、口慣らしを兼ねて声を出して読んでみましょう。

① If there is anything I can do to help you, please don't hesitate to tell me.

（私で何かあなたのお役に立つことがあれば、遠慮なくそう言ってください。）

② I am a volunteer interpreter.

（私はボランティア通訳者です。）

③ They don't have it here. You may find it in that store over there.

（それはここにはありません。あそこの店にあるかもしれません。）

④ This is only a sample. Those boxes contain the actual goods for sale.

（これはほんの見本です。実際の商品はあそこの箱の中に入っています。）

⑤ They are all sold out. If you can leave your hotel address with them, they will send it to you by mail.

（すべて売り切れです。ホテルの住所を書いていただければ郵送しますよ。）

ガイド通訳

　毎年たくさんの外国人旅行者が日本を訪れます。1999年度は過去最高の444万人に上りました（『観光白書2000年度版』）。しかし、これら外国人に対する英語での観光案内はまだまだ十分とは言えません（英語圏外の人でも大部分の人が英語を理解します）。"Seeing is believing."（百聞は一見にしかず）では説明にはなりません。

　運輸省が所轄する「通訳案内業国家試験（通称"通訳ガイド試験"）」という検定試験がありますが、これは英語のほかに地理、歴史の十分な知識を要求する高度な国家試験で簡単には合格できません。この試験を受けて本格的な通訳ガイドを目指す道もありますが、試験とは関係なく日帰り観光や市内見物の案内を兼ねてこの通訳ガイドをされることをみなさんにおすすめします。

　外国人に人気のある鎌倉の駅の改札口では、日曜日になると大学生の

ボランティア・ガイドが待機していて、"I am a volunteer student guide and would be glad to show you around for free today."（私は学生のボランティア・ガイドです。もしよろしければ今日あなたの無料ガイドをいたします。）と名刺を出しながら改札を出てくる外国人に話しかけている光景を見ることができます。彼らは地元の関東学院大学や神奈川大学などのＥＳＳ（英語クラブ）の部員で、休日に、英会話のトレーニングを兼ねて通訳ガイドをしているのです。

耳打ち通訳

　ウィスパー（whisper＝ささやき）通訳ともいわれるこの通訳は、日本人の会合の中に少数の外国人が交じっていたり、外国人の会合に数人の日本人が参加しているような場合の通訳です。話の全部または要約をその人たちだけに聞こえる小さな声で通訳してあげます。

　人の話を要約する（summarize）こと自体が一種の技術で、話し手の話を追いかけて全訳（full interpretation）するような場合は、同時通訳の範疇（はんちゅう）に入ります。はたから見るより技術が必要な通訳です。

　しかし状況説明的に、ころあいをみて通訳するのはそれほど難しくはありません。日英通訳の場合の例をご紹介しましょう。

　　通訳：Now he is talking about today's main topic.
　　　　（今、彼は今日の主なトピックについて話しています。）
　　通訳：Now he wants our opinions.
　　　　（今度はわれわれの意見を求めています。）
　　通訳：Here he thanks for our cooperation.
　　　　（ここで彼はわれわれの協力を感謝しています。）
　　通訳：Now the chairperson is officially opening the 5th Annual Speech Contest.
　　　　（司会者は今、正式に第５回スピーチ・コンテストの開会を宣言

しています。)

通訳：He is going to introduce today's judges.
　　　（これから彼は今日の審査員を紹介します。)
通訳：He is going to announce the winners.
　　　（これから彼は入賞者の発表を行います。)
通訳：He thanks the speakers and the audience now.
　　　（彼は今、出場者と聴衆に感謝をしています。)
通訳：Now he is officially closing the Contest.
　　　（彼は今、コンテストの閉会を正式に宣言しています。)

　たとえば外国人の友人が日本の結婚式に招待されたような場合、司会者等から英語で説明がなければ、当然"What is she saying?"といった質問が出るでしょう。さあ、あなたの出番です。周りの人に迷惑をかけないよう声の大きさをコントロールしながら通訳してみてください。

パーティー通訳

　これは上記のウィスパー通訳に性質は似ていますが、こちらのほうはそれほど周りを気にして通訳する必要はありません。楽しい雰囲気の中での通訳ですので、通訳も気楽にできます。ただし、お酒が入ると早口になる人がいるので、意外に通訳しにくい場合があります。下記の例は英日通訳の場合です。

　　外国人：This is a wonderful party, isn't it ?
　　通　訳：とてもすてきなパーティーですね。
　　外国人：Thank you for inviting me.
　　通　訳：ご招待いただきありがとうございます。
　　外国人：This is a present for you. It is made of gold. I hope
　　　　　　you like it.
　　通　訳：これはあなたへのプレゼントです。金製です。気に入ると
　　　　　　いいのですが。
　　外国人：I must be going now. It was a wonderful party.
　　通　訳：そろそろおいとまします。楽しいパーティーでした。

　次に紹介する3種類の通訳は、今までのものより高度な技術が必要で、本来はプロが活躍する場面です。しかし、条件さえ整えばトレーニング次第で中学英語でも十分通訳できます。ぜひチャレンジしてみましょう。
　これらの通訳を行う際には、個人的感情や意見は一切入れることはできません。通訳者は黒子のように目立たない存在にならなければなりません。

スピーチ通訳

　スピーチの通訳となるとやや難しくなってきますが恐れる必要はありません。まず中学英語でスピーチ通訳を行うための条件を整理しましょう。

Chapter 1　通訳の基礎知識

1　一般的な話題で専門的なボキャブラリーがあまり出てこない。

　一般的な語彙（vocabulary）でも専門分野になると語意（interpretation）が異なる場合があります。たとえば tissue は一般には〈ちりがみ〉の意味で使われますが、医学用語では〈組織〉の意味で使われます。プロの通訳でも、分野・業界独特の語彙や語意を仕入れる（input）など、そのつど準備をしなければならないのです。

2　前もって資料が手に入る。

　主催者が用意している発言の要旨等の資料を事前に入手して目を通しておきます。プロは、資料を目で追いかけているとかえって発言を聞く注意（attention）をそがれるので当日は見ないのが普通です。資料はあくまで事前準備のためのものです。

3　集まりが公式なものでない。

　内容が平易で出席者が少人数でも、ビデオやテープに収録するような集まりでの通訳は初心者のうちは避けたほうが無難です。そのような場はアマチュアの通訳の出番ではなく、プロの通訳者の舞台です。逆に内容的にはちょっと難しそうでもくつろいだ集まりならチャンスと考えましょう。アマチュアの場合はプロの通訳には許されない聞き直しが可能なので、「武者修行」にはもってこいです。聞き直しは、生半可に当てずっぽう（wild guess）で通訳するよりは賢明ですし、勉強にもなります。発言者に"What do you mean by 'cut down on'?"などと小声で質問すると"Reduce."などと小声で教えてくれるはずです。

　話はそれますが、学校英語の reduce（減らす）の代わりに日常英語の cut down on を使われたり、quit（やめる）の代わりに step down を使われると、かえってわからなくなります。これらは動詞句、two-word verb などと呼ばれるもので、口語的なやさしい表現なのですが、慣れないと「やさしいから難しい」という矛盾した事態が生じます。「セサミ・ストリート」の子どもの会話のほうがニュースの英語より難しい、とい

うような場合です。これは明治以来の日本の英語教育の盲点です。英語の実際的な運用能力を見る通訳技能検定やTOEICテストでは、この種のボキャブラリーの知識を問う問題が多く出題されます。

4 事前に十分打ち合せができる。

　通訳を使い慣れていないスピーカー（話し手）の場合は、「ゆっくりと、やさしい語彙で話してください」「通訳のための区切りを1～3センテンスごとに入れてください」「私が合図をしたら発言をちょっと中断してください」など、どんどん注文をつけましょう。

　「スピーチ」には、大きく分けて演説（formal）スピーチと即席（impromptu／unprepared）スピーチとがあります。正式なスピーチや演説の通訳は通常はプロ通訳の仕事です。事前にスピーカーと打ち合せをしたり資料に目を通したりして、スピーカーの考え方やスピーチの内容を知っておくことが必要になります。

　ちょっとした会合でいきなり指名され、スピーカー本人も考えがまとまらないままスピーチをするような場合があります。テーブルスピーチ（これは和製英語＝Japlishで、英語ではimpromptu speech）がこの典型です。

　さて、ある会合で司会者から「本日のこの会合にカナダから、カナダのボランティア活動に詳しいホワイトさんが参加されています。せっかくのチャンスですから、ホワイトさんにあちらでの活動について、簡単なお話をお願いしました。英語の得意な○○さん、すみませんが通訳をお願いします」と突然指名されてしまったとしましょう。

　たとえ同時通訳の技量を持ち合わせていたとしても、この場合、ヘッドホーンなどの装置もありませんので、通訳方法としては必然的に、スピーカーと通訳者が交互に話す逐次通訳になります。

　さあ、とりあえず必要なものとしてメモパッド（なければ当日の配り物の裏でもOK）と筆記用具（詳しくは「Chapter 4 通訳メモの取り方」

参照）を持って立ち上がり、ホワイトさんの隣の席に移動しましょう。

このような会合はたいてい非公式なものですから、ノートがいっぱいになったら"Will you let me interrupt you?"と話をさえぎったり、聞き取れなかった場合には、"Will you repeat what you just said?"と聞き直すこともできますし、知らないことばがあったときに、"What do you mean by 'vague'?"と聞くことも許されます。

通　訳：（ホワイトさんの席に移動して）My name is Toshio.（インフォーマルな集まりですからファーストネームがいいでしょう。）I will try to interpret for you.（謙遜して「上手にできるかどうかわからないけれども、とにかくやってみます」の意味合いで try to...＝…を試みる、を使います。）

White ：（握手しながら）Well, that's nice, Toshio. Thank you.
　　　　（欧米人は聞いた名前をすぐに使って親しみを表現します。）
通　訳：Will you pause after every few sentences so that I can interpret?
　　　　（この pause ＝止まる、を写真を撮るときのポーズ＝ pose と混同しないでください。前者は長母音〈ポーズ〉で、後者は二重母音〈ポウズ〉）

White ：Sure. If I don't stop, please tell me when.
　　　　（tell me when＝tell me when to stop の省略で便利な表現。）
通　訳：OK, I'll give you a sign if that happens.
　　　　（この場合、sign は合図、看板の意。署名は signature、有名人にねだるサインは autograph。）
White ：Well, let's get down to business.
　　　　（この場合 get down to ＝ start ＝ begin ＝始める、business は、やっていること、仕事の意。場合によってはチェスなどのゲームも入る。）
通　訳：OK. I'm ready.（日本語で聴衆に）通訳は自信がありませんがよろしく。
　　　　（本当の通訳は勝手に発言はできませんが、くだけた会合なのでこういう発言もＯＫ。）
　　　　（聴衆から Ms. White と通訳に対して拍手が起こる。）
　　　　（しばらく順調に通訳が続く。）
White ：Then I came across a hard nut to crack.
通　訳：（小さな声で）A hard nut to crack??? What do you mean by that, Ms. White?
　　　　（a hard nut to crack ＝硬くて割れないクルミ。つまり難しい問題。）
White ：（小声で）Oh, that means a big problem.
　　　　　　　・・・・・・
通　訳：（今度は発言が早くなったので、小声で）Can you speak more slowly?
White ：（あわてて小声で）Sorry.
　　　　　　　・・・・・・
通　訳：（今度は発言に切れ目がなくなったので、小声で）Please stop there.（この there は場所ではなく、スピーチの途中の意味。）
White ：（小声で）Sorry again.

通　訳：（今度は通訳の訂正を日本語で）先程 sister をお姉さんと訳しましたが、実際は妹さんでした。

White：（スピーチが終わって聴衆に対し）Thank you.（通訳に対して）Thank you for your good/kind help.（この場合、前のことばは通訳しますが、後のことばは自分に対してなので通訳しません。）

通　訳：（聴衆に対して）下手な通訳で失礼しました。
（聴衆から大きな拍手を受ける。自席に帰ると周りから通訳を誉められて、大いに照れるが内心うれしい。）

　どうですか、みなさんも機会があれば勇気を出してスピーチ通訳にチャレンジしてみましょう。One good interpreter's job will lead you to another.（1つうまく通訳ができれば、次もうまくいく。）

商談通訳

　商談通訳が中学英語でできるかな、とちょっと疑っている方もいるでしょう。しかし商談といってもピンからキリまであります。アメリカ企業との複雑な業務提携交渉などはプロの通訳にまかせ、もっと気楽な場面の商談に挑戦してみましょう。

　じつをいうと筆者のひとりである丸山は20年間、企業内通訳をしました。きっかけは、ある商談の際に、いつも通訳を務めていた英語の上手な先輩社員がたまたま欠席して、未経験の筆者が通訳を務めるハメになったことです。最初は「できるかなあ」と内心不安でしたが意外にうまくでき、それから通訳の仕事がどんどん回ってくるようになって、すっかりハマッテしまいました。

　この商談通訳と次の会議通訳は、これまで解説してきた通訳より準備が必要となります。しかし、下記のようなちょっとした準備さえできていれば、中学英語でも安心して通訳ができます。

1 商談の当事者は？
　例：アメリカのメーカーと日本の販売店

2 固有名詞（社名、地名、人名）の確認。
　とくに外国人の名前は一度聞いてもすぐに繰り返せない場合があります。また日本人の名前にもまぎらわしいもの（渡部と渡辺、丸山と村山など）がありますので事前に確認しておきましょう。

3 商談の内容の確認。
　例：外国商品の日本での販売地域

4 商談の展開、結論を予測する。
　例：メーカーと販売店間の利益の配分

5 ビジネス独特の英語表現を覚える。
　例：on sale は「販売中」ではなく「特売中」、make money は「お金をつくる」ではなく「儲ける」

　では、中学英語でどんな2 way 商談通訳（英日、日英をひとりでする通訳）が可能か、例を紹介しましょう。

> アメリカ側：Where are you going to sell our machines?
> 　　　　　（通訳：どこでわが社の機械を販売するのですか。）
> 日　本　側：今年は東京、大阪、福岡で販売します。
> 　　　　　（通訳：This year, we are going to sell them in Tokyo, Osaka and Fukuoka.）
> アメリカ側：Next year?
> 　　　　　（通訳：来年は。）
> 日　本　側：横浜、京都に広げます。

> （通訳：We will go into Yokohama and Kyoto.）
> アメリカ側：なぜ新潟には広げないのですか。
> （通訳：Why are you not going into Niigata?）
> 日　本　側：新潟の店は小さいのです。
> （通訳：Our Niigata store is small.）

　ごらんのように簡単な商談通訳なら中学英語で十分可能です。商談通訳に関する注意点をあげておきましょう。

1　疑問詞をしっかり聞く。
　質問と回答が多いので5Ws and 1Hの疑問詞（who, what, where, when, why, how）をしっかりと聞きましょう。

2　英語の数字の読み方に慣れておく。
　われわれが日常的に接する数字より大きな数字が使われることが多いので、練習をしておきましょう。英語には「万」という単位はありません。20万と言おうとしてうっかりtwentyで始めてしまうとあとが続きません。200 thousandです。「億」もありませんから、1億＝100 millionと頭のデータベースに入力しておきます。大きな数字が出てもあわてず、ノートに書いて見せる手もあります。

3　yes、noの使い方に注意する。
　相手からの質問が多いのでyes-no questionに答える場合のyes, noの使い方に注意しましょう。肯定疑問文の場合はyes＝ハイ、no＝イイエですが、否定疑問文の場合は逆でyes＝イイエ、no＝ハイとなります。"Do you understand?"（わかりますか）に対しては"Yes, we do."（ハイ、わかります）か"No, we don't."（イイエ、わかりません）ですが、"Don't you understand?"（わかりませんか）に対しては"No, we don't."（ハイ、わかりません）か"Yes, we do."（イイエ、わかります）です。ハ

イとイイエが逆になっていることを確認してください。

4 1週間は月曜から。

1週間は日曜日からでなく月曜日から始まるので、Starting next week.「来週から」は日曜日からではなく月曜日からになります。土曜・日曜は週の最後なのでウィークエンドというわけです。

5 I を使うか、we を使うか。

会社対会社の場合が多いので人称代名詞は単数ではなく複数を使ってください。「来週始めます」= <u>We</u> will start next week.「いつでも電話してください」= Please call <u>us</u> any time.「私の会社」= <u>our</u> company.

6 名刺を活用する。

出席者の名刺（business card）があれば職名などがハッキリしますので、なるべく最初のあいさつのときにもらっておきましょう。

プロの通訳は、発言の当事者を三人称で表すことはしませんが、中学英語での通訳の場合はそれほど堅く考える必要はありません。"He says..."（…と言っています。）でもOKです。

商談通訳は慣れが肝心。2～3回やってみると度胸がついて面白くなります。

会議通訳

いろいろな種類の通訳があるなかで会議通訳はかなりレベルが高くなります。国際会議のような正式なものはプロの通訳にまかせればいいのですが、もっと小規模の会議で、日本人の打ち合わせに数人の外国人が出席する、といったケースでは中学英語で十分通訳できます。正式な会議では日英、英日それぞれの通訳がつきますが、小規模の場合は2 way通訳が普通です。

Chapter 1　通訳の基礎知識

　商談と異なり会議の場合は、人数が20〜30人になる場合があります。しかし、人数が多いことが難しさの理由ではありません。難しいのはやたらと長い発言があったり、内容が多岐にわたることが原因です。
　しかし、話が長くても比較的短いセンテンスの集まりであることが多く、センテンスあるいはフレーズごとに通訳していけばそれほど難しくはありません。
　また準備として下記のことを確認しておけば、ずっと楽に通訳を行えるようになります。

1　何の会議か。
　会議の目的がわかれば、発言の内容も想像できます。

2　プログラムは。
　だれがどんな順に何を話すか段取りがわかれば次の発言者の近くに行けます。

3　固有名詞は。

出席者の名前、地名などのほか、団体名なども決まった英語訳があるのでそれを事前に調べておきます。

4 質疑応答（questions from the floor）はあるのか。
聴衆者からの質問は一般的に聞こえにくいので、会場のマイクの状態をチェックしておきます。

5 配布資料はあるか。
スピーチ関係の資料，スピーカーの略歴など配布資料にはすべて目を通しておきます。

6 主な出席者の肩書は。
肩書を間違えると失礼になります。（司会者＝ Moderator, Chairpersonなど）

7 発言者の出身地は。
英語でも、アメリカ英語、イギリス英語、オーストラリア英語、インド英語、フィリピン英語など、出身地によって大きな違いがあります。フランス人など非英語圏の発言者の英語は自国語のなまりが強く残ることがあります。普段からいろいろな地域の英語にふれて、その特徴を知っておくといいでしょう。

これらはあくまでも原則論なので、「こんなに準備や注意事項が多いのではとても手に負えない」とあきらめないでください。災害救助等のボランティア活動の打ち合せ、スポーツイベントの運営会議、地域主催の国際文化活動など、日本人と外国人とが交じってミーティングを行う機会は今後ますます多くなるでしょう。そのような機会に中学英語を使って通訳、案内などができればそれらの事業の役に立てるばかりでなく、自分にとっても大きな力となるはずです。

Chapter 1 通訳の基礎知識

　後で詳しく説明するＦＩＦＯ方式を応用すれば、少しくらい長いセンテンスでも無理なく訳すことができます。

　　司　会：今日の会議を始めましょう。
　　　　　　Let's start today's meeting.
　　　　　　最初のスピーカーはカナダからのジョンソンさんです。
　　　　　　The first speaker is Mr. Johnson from Canada.
　　　　　　ジョンソンさん、お願いします。
　　　　　　Mr. Johnson, please.
　　ジョンソン：Hello, everyone. Today, I want to tell you about our activities.
　　　　　　みなさん今日は。今日はわれわれの活動についてお話をしましょう。
　　　　　　We have five offices in Canada.
　　　　　　カナダには５つの事務所があります。
　　　　　　Our regular activities are ...
　　　　　　われわれの通常の活動は……
　　　　　　Thank you very much.
　　　　　　どうもありがとうございました。
　　司　会：ジョンソンさん、ありがとうございました。
　　　　　　Thank you, Mr. Johnson.
　　　　　　次は日本の秋元さんです。
　　　　　　Next we have Ms. Akimoto from Japan.
　　　　　　秋元さん、お願いします。
　　　　　　Ms. Akimoto, please.
　　秋　元：われわれの活動は……
　　　　　　Our activities are ...
　　司　会：秋元さん、ありがとうございました。
　　　　　　Thank you, Ms. Akimoto.

② 通訳の方法

今度は通訳の方法について説明します。その場の状況、また自分の能力に応じて通訳の方法を選ぶ必要があります。

要約通訳

要約通訳は文字通り要約＝ outline, summary を伝える通訳方法で、逆に言えば全訳＝ full interpretation ではないということです。どの程度要約するかは、時間的制約、通訳者の通訳能力、訳の量的・質的必要性によりますが、なかでも時間的な制約による部分が大きいと言えるでしょう。

アテンド通訳、耳打ち通訳、パーティー通訳にはこの方法が適しています。

司会者　：ここで花嫁がお色直しのため一時席をはずされます。その間、佐久間様よりご祝辞を頂戴いたします。佐久間様よろしくお願いいたします。
要約通訳：Now the bride will leave the room to change her gown. During that time, Mr. Sakuma will make a speech.

逐次通訳

逐次通訳（consecutive interpretation）は、もっとも基本的な通訳の方法です。発言者が話している間に通訳者は、通常パラグラフごとにメモを取り、これを見ながら訳していきます。

この通訳方法の特徴をまとめてみましょう。

①通訳のメモの取り方や記憶能力にもよるが、一番正確な通訳方法である。
②通訳するのに少なくとも発言と同じだけの時間がかかる。すなわち倍の時間がかかる。

③発言者と同じ「話し方」が通訳にも求められる。(発言者が楽しい話をしている場合は、通訳者も楽しそうに通訳するのがふさわしい。)
④原語と通訳語の2回発言があるので、聴衆の中でバイリンガルの人は同じ内容を2度聞かされる。
⑤拍手、感動の声、笑いなど聴衆の反応も2回ずつ起こる。
⑥発言者が話の調子に乗ってくると(これは本来は良いことなのだが)、区切りが長くなってしまったり、区切ることを忘れてしまうことがあって通訳が困る。
⑦通訳が発言者と並ぶので、通訳が黒子的な存在になり切れず、発言者と同じまたは発言者以上の「存在感」を聴衆に与えてしまう。

> 講演者　：Ladies and gentlemen, today I would like to talk about our country, China. First, please keep in mind that it is a big country. Secondly, I would like to impress upon you the size of the population.
> 逐次通訳：みなさん、今日はわが国すなわち中国についてお話をしましょう。まず知っておいていただきたいことは、わが国が広い国であることです。次に注目していただきたいことは人口が多いということです。

メモの取り方は Chapter 4 で詳しく説明しますが、この場合はたとえば下記のような日本語と英語を交ぜたメモになるでしょう。

みな　today　くに　China　1　大国　2　多人

会場によっては通訳用のマイクやメモを取るための演台がないなど通訳に対する配慮に欠けているところがあり、通訳者が非常な苦労をすることがあります。このような場合、前もって主催者に必要な準備をしてもらいましょう。

同時通訳

　この通訳方法を説明すると、たいていの方は「そんな難しいことはとても、とても」とか「それはプロの通訳がやることでしょう」と敬遠してしまいます。たしかに国際会議等における同時通訳の仕事は「聞く」「理解する」そして「別の言語に言い換える」という3つの仕事を同時にこなす高度な技術で、専門の訓練を長期間受け、現場を数多くこなした人にしかできないものです。

　しかしながら、矛盾するようですが、ある一定の条件の下では逐次訳より同時通訳のほうがやさしく、そのような場合には中学英語でも十分通訳可能です。その条件とは次の通りです。

1　話すスピードが速くない。

　話されることばが普通の速度（英語では1分間に150～180語）よりも遅い場合です。

2　話題が専門的でない。

　プロの通訳でも、自分の専門分野以外のときには、相当な準備が必要となります。

3　使用される語彙が難しくない。

4　発言者がフレーズをハッキリ区切って発言してくれる。

　同時通訳を容易にするよう通常主催者が発言者に通訳に協力するように申し入れます。

5　通訳者がある程度のトレーニングを受けている。

　シャドーイング等、後述のトレーニングを参照してください。

> Today, I will talk「今日お話します」about our country「わが国」China.「中国についてですが」

同時通訳の特徴を逐次通訳と比較しながらまとめてみましょう。
①逐次通訳よりも若干精度が犠牲になる。
②逐次通訳より時間がずっと短縮され、発言の所要時間とほとんど同じになる。
③通訳を聞きたい人だけがイヤホーンやヘッドホーン（英語ではheadsetまたはheadphonesという）で通訳を聞けばよいのでバイリンガルの人が2回同じ内容を聞かされることはない。
④観客の反応（相づち、笑い、拍手等）がほぼ1度に揃う。
⑤周りの雑音や通訳する自分の声をカットして、通訳者の耳には発言者の発言のみが入り、通訳者の声のみが通訳を必要とする人の耳に届くような装置（ヘッドホーンや専用マイク等）や「金魚鉢」と呼ばれるガラス張りの通訳ブースが必要となる。

　プロの同時通訳の場合は2人1組でブースに入り、15分交代で交互に通訳をするのが普通です。高度な集中と極度の緊張を強いられる作業だからです。通訳していないほうの通訳者は数字や人名を書き取るなど、補佐役を務めます。
　通訳ブースは、通常会場から邪魔にならない場所（会場の二階や後方）に設置されているので、黒子的な存在に徹することができます。みなさんがボランティアとして行うごく簡単な同時通訳の場合はこのようなプロ用の設備や装置がなく、発言者の隣に立ってひとりで通訳するのが普通です。その場合でも発言者の発言がイヤホーンで聞けるようになっていると聞き取りがずっと楽になります。

3 英日通訳と日英通訳

　通訳には、英語を日本語に訳す英日通訳と日本語を英語に訳す日英通訳の2種類があります。初心者にとっては通訳の「製品」が日本語となる英日通訳のほうが容易ですが、通訳技術に習熟するにしたがって、逆に日英通訳のほうが楽になるといわれています。
　ここでは、英日、日英それぞれの通訳を行う際の注意すべき点について紹介します。

英日通訳に関する留意点

　英日通訳の場合、アウトプット（通訳内容）は日本語なので、日本語として「おかしくない」表現でなければなりません。「日本人だから日本語はまかせて」は通用しません。ネイティブスピーカーならだれでも英語の先生ができるとは限らないように「日本人だから日本語は大丈夫だ」という考えは正しくありません。
　英日通訳の際の日本語に関する留意点は下記のようになります。

1　通訳する相手によってことばを使い分ける。
　日本語には対目上、対仲間、対目下など上下関係を意識した用法や男性語、女性語の使い分けなどがあり適切な用法が必要になります。

> I will come to your company.
> ＝「そちらの会社に行きます」（標準用法）
> ＝「御社に伺います」（対目上）
> ＝「そっちの会社に行くよ」（対目下）
> ＝「あなたの会社に伺うわ」（女性語）
> ＝「君の会社に行くよ」（男性語）

　とくに代名詞の訳し方は注意が必要です。

> you ＝あなた、君、おまえ、あなたさま、そちら、そちらさま、貴殿

Chapter 1　通訳の基礎知識

2　主語は必要に応じて省略する。

　日本語では、わかり切った主語はいちいち訳すとわずらわしいので多くの場合略してしまいます。

> I will talk about it later.
> ＝その事は後ほどお話しましょう。

3　助詞の使い方に習熟する。

　英語では「5文型」に代表されるように主語、述語、目的語、補語の位置が明確に決まっていますが、日本語はそれらの位置や順番はレンガのように組み立て自由です。しかし、レンガの間のセメントの役目をする助詞がこれらの関係を示すので、とくに同時通訳では助詞を上手に使うことが求められます。

> I will telephone you tomorrow.
> ＝「私は電話をします、あなたに明日」
> ＝「私があなたに明日電話します」
> ＝「明日あなたに電話します」
> ＝「電話します。明日あなたに」

4　用法が違うものにとくに注意が必要。

> 単位（ポンドとキロ、西暦と日本の年号）
> 分数の読み方（two thirds と 3 分の 2）

日英通訳に関する留意点

1　日本語独特の言い回しに注意する。

　とくに比喩、諺、四文字熟語等は直訳しても意味が通じないので、意味を解釈して通訳します。年配者は古い表現を使うことが多く、スピーチでこれらを連発され困ることもあります。

> 「それは彼にとっては馬耳東風でした」

> →「いくら言っても、いっこうに彼は聞き入れなかった」
> ＝ I have told him so a number of times, but he wouldn't listen.

2 必要に応じて主語を補う。

　日本語には主語がないので発言者の意を汲んで、適切な主語を足さなければなりません。

> 「では来月アメリカに行きましょう」
> ＝ In that case, I will visit your country next month.

3 I の代わりに we を使う。

　企業や団体など、自分が属するグループを日本語では一人称単数で言う場合が多いようですが、英語では一人称複数に直さなければなりません。

> 「私の会社は明日休みです」
> ＝ Our firm will be closed tomorrow.

4 受動態をとる動詞に注意。

　日本語は受動態をあまり使いません。日本語では能動態で表現する場合でも、英語では受動態を使うことがあるので注意が必要です。

> 「満足しています」＝ I am (We are) satisfied.
> 「驚きました」＝ I was (We were) surprised.

　話が少し専門的になりましたが、これらを頭のデータベースに入力しておけば「中学英語通訳」の腕が上達することうけあいです。

Chapter 2

英語はまず「音」を聞き取ることから

通訳をするには英語を聞き取るための「よい耳を持っていること」が前提となります。この章ではリスニングの基礎となる英語の「音」の特性について解説します。

　人はどうやって母国語を習得するのでしょうか。日本に生まれた赤ちゃんも、アメリカに生まれた赤ちゃんも、3歳にもなればそれぞれ日本語と英語をかなり自由に話せるようになります。
　ある専門家は、3歳になるまでに母国語をだいたい習得できるのは、そのことばを約2,000時間聞いているからだ、と主張しています。2,000時間÷（365日×3年）で毎日2時間弱聞いている計算です。じっと親、とくに母親の話を聞いて、それを真似することによって、発音のしかたや文のつくりかたを身につけていくのです。
　じつは、この「まず耳から」は、世界中で2,000とも3,000ともいわれているすべての言語について言えることです。
　しかし別の意味で、英語は日本語にくらべて「耳から」の要素が強いことをちょっとお話しして、この章のタイトルを「英語は」とした理由をはっきりさせましょう。

リズム

　日本語の発音構成と英語の発音構成は異なっています。日本語は基本的には母音であるア、イ、ウ、エ、オ以外の文字の発音は、子音＋母音（マ＝M「子音」＋A「母音」）から構成されています。ア、イ、ウ、エ、オを含めて音節がレンガのように整然と並べられて単語や文がつくられるのです（ワタシノナマエハマツモトデス）。書き文字を原稿用紙のマス目に埋めていくように、話しことばも音が整然と並んでいます。したがって早口で話した場合でも、あたかも縮小コピーをしたように各音節は均等に短くなります。
　つまり、日本語は早く話しても遅く話してもメトロノームのように1音1音が均一なリズムで流れていきます。このような特徴があるからこ

そ五、七、五、七、七の和歌のような芸術が成立するのです。（イタリア語、スペイン語もこの子音＋母音構成が基本なので、日本人にとっては発音的には親しみやすいと言えます。）

　一方、英語の単語の場合は発音の密度（音節の構成）は一定でなく、あたかもバーコードの縦の線のように詰まったり、離れたりしています。英語の「音」は日本語のような子音＋母音という均一な音ではなく、同じ１音節でも子音＋母音＋子音や子音＋母音＋子音＋子音といったように長さがバラバラです。stream のように子音＋子音＋子音＋（長）母音＋子音のように１つの単語が４つの子音と１つの母音で構成される長い１音節の単語もあります。しかし文字にすると長い単語でも、１音節であることに変わりはないので Japanese English よりもずっと圧縮され短く発音されます。日本人の場合は、日本語の原則から母音を足して、ストリームと間延びした発音になってしまうのです。

母音

　日本語の母音がア、イ、ウ、エ、オの５つなのに対し英語には母音が12もあります。数が多いのでこれらを聞き分ける「耳」が必要になります。日本語のアに当たる音が一番種類が多く、短母音 hut（hʌt）、hat（hæt）、hot（hɑt　米語）や明るい長母音の park（pɑːrk）、暗い長母音の bird（bəːrd）などがあります。

子音

　子音も日本語にないものがたくさんあります。むしろ同じものがほとんどないといったほうが正確でしょう。日本のラ、リ、ル、レ、ロは舌が上顎に接触するのに対し、Ｒの場合は舌が上顎にはまったく接触せず、Ｌの音は舌の先端を上顎の歯の後ろに固定し、舌の両方から音を出す方法で出します。日本語のラ行はむしろＬで表す方が正確です。ＴＨとＳとの区別や、ＢとＶとの発音の区別も大切です。

英語の単語がほとんど子音で終わることから、日本人にとって次のような問題が生じます。

①語尾の子音は小さく発音されるため、ほとんど聞き取れない。
> It's a nice shirt.＝イッツァ　ナイシャー
> Do you mind if I open the window?
> ＝ドゥーユーマィン　イファィオープンザ　ウインド

②子音が並ぶと前の音が消えることがある。とくに前の単語の語尾の子音は、次の単語の子音が同じか、同系統の音で始まる場合は省略される。
> Keep pulling.＝キープリン
> a hot tea ＝ハッティー
> a hot drink ＝ハッドゥリン

③次の単語が母音で始まる場合、前の単語の語尾の子音に後ろの母音がくっつく。
> Pick it up.＝ Picki tup ＝ピキタッ、
> Put it in your pocket.＝ Puti tinyu packet.＝プティ　インニョ　パケッ
> これはリエゾン（liaison）と呼ばれる現象です。

アクセント

　英語はアクセント（accent）が強い言語です。1つの単語に音節が2つ以上ある場合は音の強さ（音楽のフォルテ、フォルテシモ、ピアノ、ピアニシモで表される呼吸の強さのことで、五線紙の上に表される音の高低ではありません）の順位が決まっています（introduction ＝ in-tro-dUc-tion で dUc の音節が一番強い「アクセント」があり、in のところに第2アクセントが置かれている）。発音ばかり注意しても、アクセントに注意しないと、まったく通じなかったり、違う単語と取り違えられて

しまいます。アメリカのある空港のカウンターで"I want to go to インディアナポリス."と繰り返している日本人を見かけたことがあります。何度言っても通じないので、地図を出して"Here."と指で示すと、相手は"Oh, IndianApolice."と言ってようやく納得しました。

　一方日本語の場合は平野のようにフラットで時々小さな丘がある程度です。(カキ〈柿、牡蠣〉、ハシ〈橋、端、箸〉などアクセントによって意味が変わる単語や尻上がりのシ＝死、尻下がりのシ＝詩、など1音節でも中国語の四声のよう意味が違う単語が若干あります。)

ストレス

　1つのセンテンスの中でも、意味上重要な箇所の単語または句には強勢（stress）が置かれます。長いセンテンスの場合には、ほかにもう1か所かそれ以上強勢が置かれる場合があります。逆に言えば強勢が置かれるのは重要な単語＝キーワードなので、確実に捕まえる必要があります。極端な言い方をすれば、キーワードをつなげるだけで全体の文意をおおよそ理解することができるのです（p.40 参照）。

イントネーション

英語の抑揚（intonation）には「昇り龍」型、「降り龍」型、または中途が上がったり下がったりした「うねり龍」型があります。抑揚は英語の「音法」の大切な一部で、これによって通訳の内容や応答を予測することができます。

①通常平常文は文頭が高く（音楽でいうと音程＝ピッチが高い）語尾が下がっている「昇り龍」。この種の発言に対しては、通常応答は要求されていません。

　　　　I am 13 years old.

しかし疑問詞で始まる疑問文も通常「昇り龍」ですので、この種の疑問文の文頭にくるいわゆる5Ｗｓ，1Ｈ（what＝物、who＝人、where＝場所、when＝時、why＝理由、how＝方法）と称される疑問詞を正確に聞き取ることが必要になります。そうすれば、発言者の意図と求められている情報がある程度予測できます。

　　　　Where do you live?　「どこ→場所の話だな」

②答えに Yes（必ずしもハイでない──p.13 参照）、No を求めるいわゆる　yes-no question の場合は通常「降り龍」、いわゆる尻上がりになります。

　　　　Are you hungry?

この疑問文は通常助動詞（do, did, should 等）や be 動詞（is, am, are, was, were 等）で始まりますので、これでも通訳は yes-no question だな、と予測できますが、それだけで判断すると間違うことがあります。日常の会話では、平常文の形のままで文末を尻上がりにする

だけで疑問文にしてしまう場合が多いからです。(これは日本語でも同じです。尻上がりの「行き^{ます}」は「行きますか」の意味です。)

 You are ^{hungry?}

③付加疑問文の場合には「腹下がり龍」になります。(注意:疑問の程度で付加疑問も含め「昇り龍」の場合もあります。)

 You like _{him, don't} you?

④疑問詞ではじまる疑問文でも、選択肢を示す場合は同様「腹下がり龍」になります。

 Which do you _{like, coffee} or tea?

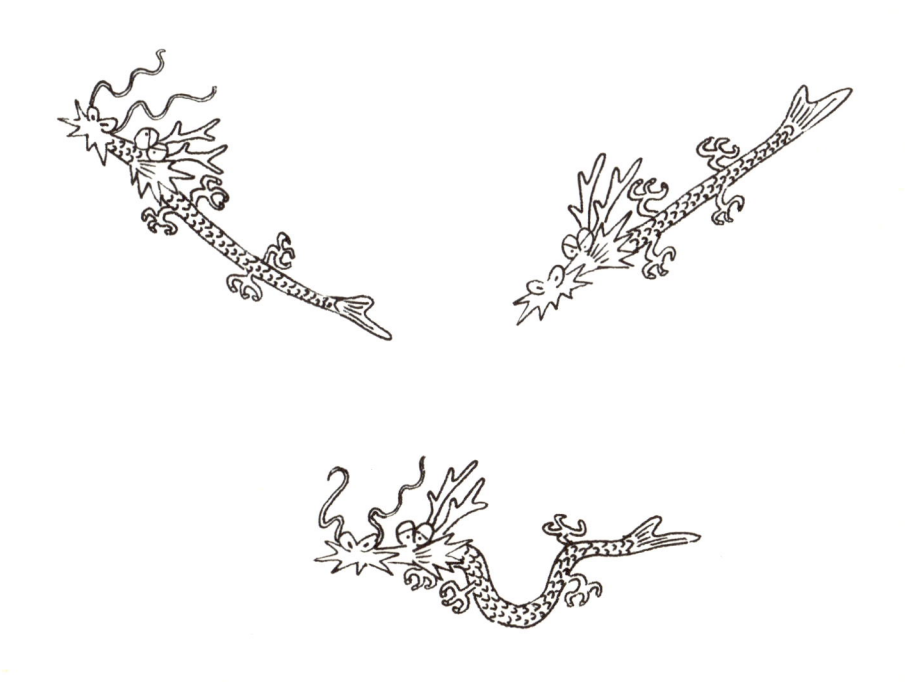

トーン

　声の調子（tone）の聞き分けも、重要なリスニングのポイントです。

　トーンが重要な要素であることがはっきりわかるのは電話の場合です。電話ではすべてオーラル・コミュニケーション（口頭伝達）なので、普通の会話のようにビジュアル・エイド（視覚補助）、つまり顔の表情やしぐさをみることができないので、相手の感情は声のトーンから推察するほかないからです。

　たとえば"Let's go shopping."という問いに対する返事でも、明るく快活な「ＯＫ！」と、もそもそとした「o...k...」では、その本音は、「喜んで行くよ！」と「行きたくないけど…しかたがないから…」ほどの差があります。

　通訳では電話と違って発言者のビジュアル・エイドもありますが、トーンを敏感に聞き取り、その意味する感情も汲んで通訳ができれば、あなたはもう名通訳です。

Chapter 3

いろいろな通訳トレーニング

通訳をするには、人の話をきちんと聞き取ることが大切です。英語を日本語に英日通訳する場合には、まず原文の英語をしっかりと聞き取れなければなりません。同時通訳になると、スピーチを聞きながら同時に話す（＝訳す）という作業をしなければなりませんが、これは専門的には「耳と口の同時区分使用」と言い、慣れないと意外に難しいものです。

　そのトレーニングとしては日本語を日本のまま、英語を英語のまま、後を追いかけて繰り返していく練習が効果的です。この練習は「シャドーイング」と呼ばれ、本来は同時通訳のための基礎訓練ですが、英語学習のための基礎訓練としても、とても役に立つものです。

　実際に通訳の練習に入る前に、しっかりと原文を聞き取るための基礎訓練として、そして同時通訳練習のウォームアップとして「シャドーイング」練習、すなわち「聞きながら話す」練習をしてみましょう。

1 シャドーイング練習

　専門用語でシャドーイング（shadowing）と呼ばれる訓練を行います。だれかの言ったことを、影が後を追いかけるように、そのまま繰り返すことから、このような名称がついたものです。

●日本語の単語の繰り返し●

　要領をつかむために日本語から始めます。慣れないと日本語でも結構大変です。また、英語の発音にもいろいろあるのと同様に、われわれ日本人の日本語の発音が正確とは限りません。日本語で行う練習だからといって軽視してはいけません。

　まず簡単な単語の繰り返しから始めましょう。ウォームアップ練習1です。付録CDのTrack 2を使います。「名前」「田中圭子」「東京」と聞き、次の「15歳」を聞きながら「名前」「田中圭子」…と繰り返します。このように3〜4語遅れてシャドーイングしてください。

(名前／田中圭子／東京／15歳／高校生／兄弟／2人／太郎と次郎／兄／20歳／大学…)

──────●日本語のフレーズの繰り返し●──────

次はフレーズの繰り返しです。付録CDのTrack 3を使います。「こんにちは」と聞き、次の「私の名前は」と1フレーズ遅れで繰り返していきます。慣れたら、「こんにちは」「私の名前は」と聞き、次ぎの「田中圭子です」を聞きながら「こんにちは」と繰り返す2フレーズ遅れのシャドーイング練習をしてください。

(こんにちは／私の名前は／田中圭子です／東京から来ました／15歳です／高校生です／男の兄弟が2人／太郎と次郎といいます…)

──────●日本語のセンテンスの繰り返し●──────

単語やフレーズのシャドーイングができるようになったら、センテンス単位のシャドーイングです。付録CDのExercise 26(Track 35)を利用します。ピッおよびピッピッという合図ごとにCDを止めて繰り返してください。

ウォームアップ練習1が終わったらウォームアップ練習2に移り、また単語のシャドーイングから始めます。

──────●英語の単語の繰り返し●──────

次に英語のシャドーイング練習です。英語の単語を繰り返す練習をします。ウォームアップ練習3です。付録CDのTrack 6を使います。良い英語の発音を習得し、聞いた「音」をすぐ自分の「声」にする反射神経の練習です。聞いた英語の「音」をできるだけ正確に真似して、おうむ返し(parrot)に言ってください。知らない単語があっても、とにかく近い「音」を出してみましょう。日本語の場合と同様に、3〜4語遅れ

で繰り返す練習をしてください。

（My name / Mary / California / 15 / high school/ student / brother / John / Ted / 20 / studies …）

──────●英語のフレーズの繰り返し●──────

今度は付録CDのTrack 7を利用して情報単位ごとにフレーズを繰り返す練習をします。知らない単語、イディオム等で立ち止まらないで聞いたものと同じ（同じと思う）「音」を忠実に繰り返してください。

（My name is / I'm from / 15 years old / high school student / two brothers / John and Ted / my big brother /20 years old …）

──────●英語のセンテンスの繰り返し●──────

Exercise 1（付録CDのTrack 10）を利用して英語のセンテンス単位のシャドーイング練習をします。ピッおよびピッピッという合図ごとにCDを止めて繰り返してください。

ウォームアップ練習3が終わったらウォームアップ練習4に移り、また単語のシャドーイングから始めます。

さあ、これでやり方がわかったら、いよいよ本格的なシャドーイングです。NHKのラジオ英会話がおすすめですが、書店でもリスニング用のテープやCDを売っていますので、自分に合ったレベルのものを選んで購入してもいいでしょう。この場合"Good morning, how are you?"程度のごく初級の会話ものはシャドーイングの教材としては適当ではありません。逆にボキャブラリーが専門的すぎるものも避けてください。

シャドーイングは同時通訳の入門編

通訳ブースでは、発言者の声はヘッドホーンから耳に入り、通訳者の

声はマイクからＦＭ波となって出て行くようになっていて、お互いの音声が干渉しないようになっています。これと同じ状況がシャドーイングに最適です。

①カセットテープかＣＤとそれぞれのプレーヤーのほかに、両耳用のヘッドホーン。（ステレオだと「音」が拡がってしまうので、両耳用モノラルのものがよい）
②できればレコーダーとテープをもう１セット。（カセットテープやＣＤの声と自分のシャドーイングの録音を比較するため）

シャドーイングは言語の入れ換え（日英、英日）の部分を除けば、同時通訳の耳と口の同時操作（＝耳と口の同時区分使用）と同じことで、後で説明する同時通訳の門前まで来たことになります。

●暇つぶしシャドーイング●

家でこのような練習したのでは、面倒くさくて三日坊主になる可能性があります。そこでちょっとふざけた方法（しかしかなり効果のある方法）をお教えします。

講演会に行ったところ、講師の話があまり面白くないのに長々と続く、といったようなときに、隣の人の迷惑にならないように声に出さずに講師の「声」をシャドーイングしてみてはどうでしょう。退屈しのぎとはいうものの、相手の「声」をじっと聞いて、一語も落とさずに復唱する（もっともこの場合は口の格好にとどまりますが）のはなかなか難しく、眠気などは吹き飛んでしまいます。

●生活密着型シャドーイング●

ラジオ（ＡＦＮ、インターＦＭなど）から聞こえてくる英語の放送をシャドーイングします。ちょっと難しいかもしれませんが、これは簡単でお金もかからないわりに効果的な方法です。

2 キーワードを捕まえる練習

「木を見て森を見ず」という諺があります。1本1本の木についての抹梢的な情報はあっても森全体の情報を把握していないことのたとえです。

今までの日本の学校英語教育では、教科書に出てくる単語を全部辞書で調べ、漢文のように「返り読み」をし、この文はどのような構造かといったことに時間をかけ、1回の授業で2〜3頁しか進まない、というような授業をしていました。良く言えば「精読主義」(microscopic reading style)、悪く言えば「英語の重箱読み」(重箱の隅を楊枝でほじくるように些細なことにこだわった読み方）が中心だったのです。

しかし、これからの時代は何事もスピード化し、情報が溢れる時代です。これまでのように時間をかけて少しの文章を理解するような勉強では追いつきません。溢れてくる情報を聞き飛ばし、読み飛ばしながら、その全体像（森）を捉え、そのなかの大切な要点を押さえていくことが重要になってきています。

では、どうしたらそれができるようになるのでしょうか。

普通の日本人なら、子どもから突然「（桃太郎）の話をしてよ」と言われたとしても、細かな点は別としてだいたいの話ができるはずです。それは話のあらすじ（plot）を覚えているからです。あらすじのなかに点在するのがキーワードです。

情報収集の段階で全部の単語を聞き取ることや、読み取ることはできなくてもキーワードがわかればとりあえず上出来です。とくにオーラル英語（話し英語）では、大切な単語（内容語と言います）は強くはっきりと発音されるので、その単語だけをつなげていっても要点はわかります。

この理解の方法を「飛び石聞き」「飛び石読み」と名づけてみます。少し例をあげて説明しましょう。キーワードの「飛び石」だけで全体像がつかめるかどうかの「実験」です。

Chapter 3　いろいろな通訳トレーニング

> On the way from our subsidiary office in San Francisco to my home in New York, I happened to meet one of my old graduate school friends on the plane, and talked with him all the way from San Francisco to La Guardia. I was surprised to learn that he is now a senior executive vice-president of a famous apparel company headquartered in White Plains, my town. He offered my wife and me an invitation to his company's anniversary party scheduled next month. We parted at La Guardia Airport after a cheerful dinner at a spacious, state-of-the-art restaurant in the airport building. I am looking forward to meeting him again at his office with my wife, as she is a fan of the brand his company puts out on the market.

　このストーリーを建物とすると、アンダーラインの部分がその主要鉄筋フレームです。さっそく並べてみましょう。

　「途中で、サンフランシスコ、ニューヨーク、私、会う、友達のひとり、飛行機、話す//驚く、彼は、副社長だ、会社の//彼、私の妻と、私に、招待、会社の、パーティー、来月//われわれは、別れた、食事の後に、レストランで//私は、楽しみに思う、彼との再会を、私の妻は、ひいきだ、ブランドの、彼の会社の//」となります。

　この情報のぶつ切りからこのストーリーの骨子（framework）を整理すると、次の通りとなります：

　「サンフランシスコからニューヨークへの飛行機の中で私は友達のひとりに会いました。そしてその人と話をしました。彼が会社の副社長と聞いて驚きました。彼は来月の会社のパーティーにわれわれ夫婦を招待してくれました。われわれはレストランで食事した後別れました。家内が彼の会社のブランドが大好きなので、私は彼と再会するのが楽しみです。」

　いかがですか、これでストーリー全体の80％の情報がわかったことに

なります。さらに主旨（main idea）を整理しますと以下のようになります。若干の抜けはありますが、主要な情報単位は入っています。

> I met an old friend of mine on a plane during a business trip. I enjoyed talking with him. He is now an important person at a reputable company. He invited my wife and me to a company party. I look forward to seeing him again.

どうです。これでキーワードだけでストーリーがだいたいわかることが実証されましたね。キーワード以外のことばは修飾語（modifier）か、主旨（main idea）を支える説明的な部分で、建物にたとえると間仕切り、ドア、窓などに当たり、内容語（重要な単語）に対して機能語と言います。これらは建物のフレームができてからしばらくして取りつければいいのです。

わからない単語が混入していても、それが全体像を理解するのに不可欠でなければ、全体を投げ出す必要はないのです。

3 「イメージ化」練習

　発言者の英語（日本語）の内容を瞬時に「理解」し、ある程度の時間その情報を保持（retention）するためにはイメージを利用するのが効果的です。ここではイメージ化する練習をします。
　まず次のものを用意してください。
・A4の白い紙
・BかB2程度の鉛筆（硬い鉛筆では自由に書きにくい）
・5～6色程度の色鉛筆かマーカー（イメージを拡げるため）

　それでは始めましょう。付録CDの Exercise 2（Track 11）を利用します。Exercise 2 を聞きながらその内容に即したイメージを用紙いっぱいに書いていきます。その際消しゴム等でいちいちイメージ画を修正する必要はありません。（ゆっくり時間をかけて上手な「絵」を描く練習ではありません。）

　話をイメージ化してそのイメージをことばに変換すれば、通訳も楽にできます。日頃からイメージ化の感覚を身につけておくことが大切です。

◆ イメージでプロットを捕まえる

　イメージ化には、話の全体を捉えやすい、話の概要を記憶（retention）しやすい、話の筋（plot）を follow しやすいなどの利点があります。
　p.41 のストーリーをイメージ化するとどのようになるでしょう。「イメージ」を四コマ漫画に描いてみましょう。第1のコマは若いビジネスマンが飛行機に乗っている絵、第2のコマは彼が立ち上がって友達と抱き合って再会を喜んでいる絵、第3のコマは空港のすてきな食堂で2人が会食をしている絵、そして最後のコマは空港のタクシー乗場で彼の会社での再会を約束して握手している絵です。

通訳検定や、ボランティア通訳検定には Main Idea Test という大意を汲み取るテストがあります。
　TOEIC の場合は Part IV の Short Talk と、Part VII の Reading Comprehension の中に"What is the main idea of this passage?"のような設問が出てきます。英検の場合は2級のインタビュー試験で、英文を読ませたうえで"What is the passage about?"と質問されます。これらのテストはいずれも「重箱読み」でなく「主意読み」の能力を試すものです。
　速読や速聴の根底にはこの「主意理解」の考えが入っています。速読も速聴も word to word の理解より、phrase to phrase（フレーズ読み、フレーズ聴き）の能力が求められます。速読と速聴を比較した場合、速聴のほうはもともと「フレーズ聴き」をしていますので、どちらかというと「主意理解」には有利だと言えるでしょう。

Chapter 4

通訳メモの取り方

1 通訳メモの重要性

　ここでは通訳技術の中でも重要なノートの取り方について解説します。
　ノートがなくても自分の頭に発言が入っていれば、それからアウトプットすればいいのですが、人間の頭のデータベースはそんなに正確ではありません。おおよそのところは「イメージ化」「キーワード取り」ができたとしても、話の中にデータ的なことが出てきたら、もうお手上げです。
　逐次通訳のノート・テーキングの技術をみなさんにぜひ習得していただきたいのには次のような理由があります。
　①正確にうまく通訳できるようになる。（本来的な意味）
　②自分で考案した「記号文」「省略文」は一種の「暗号文」なのでプライバシー保護になる。
　③通訳（別の言語での再現）をしなくても、自分のための記録法として役立つ。
　正確な記録はプロの速記者が速記したものや、テープレコーダーで録音をしたものを再現（transcript）します。
　しかし報告書程度の場合は、ここで説明するノート・テーキングが非常に便利な技術となります。ノート・テーキングは大切な部分をスクリーンして記録するので、たとえば4時間の講習会でもノートを取った本人ならばノートを見ながら「膨らませ」て、30分位で報告書を作成することができます。4時間の講習会の内容を5頁の報告書にするには取捨選択という一種の編集技術が必要ですが、現場でのノート・テーキングでこの作業はすでに終わっているのでさらに便利です。

暗号化されたノート

　内容がオフレコ（マル秘）であっても、通訳メモなら他人の目に触れても何が書かれているかはわからない「内緒文」なので安心です。
　私がある企業で企業秘密に関わる通訳をしたところ、終了後その企業

の総務部長が「恐縮ですが先程通訳しながら書かれていたノートをいただけませんか。じつは企業の秘密が漏れるのを懸念しているのです」と遠慮しながら頼んできました。私が「ご安心ください。通訳は企業や個人の秘密に触れますが、プロの通訳の信条として弁護士や医者と同様、決して今の会談の内容は他言いたしません」と説明をしても納得してもらえません。「明日の会議に必要と思いますのでノートは持って帰ります。しかしご安心ください。たとえ他人がこのノートを見てもほとんど解読できませんよ」と言って、そのノートを見せたところ、その部長は「あれ、これを元に通訳されていたんですか。これでは他人にはさっぱりわかりませんね」とやっと納得してくれました。

　この例のように、通訳メモは自分だけの一種の暗号文書（coded document）であり、他人にはほとんど解読（decode）できないのが普通です。そもそも通訳のノートは他人に見せることのない本人だけの情報・データです。発言の内容をそれによって「復元」できればそれで役目は終わるのです。

② ノート・テーキングの基本

まず、例をあげましょう。日英通訳する場合の例です。

> 例1 「今日は全員で48名のところ、欠席が3名で遅刻するものが1名ですが、懸案となっている第3条はどうしてもこの会議で決定したく思います。」
>
> 例2 「明日の会議には18支部から合計124名の代表も出席します。したがってこの3階の312号室では席が足りません。9階の一番大きいホールを使用します。」

さて、あなたがこれらの情報をその場でメモなしで逐次通訳できたらプロの通訳以上と言ってもいいでしょう。数字を含むデータはとても記憶できないのです。

私たちのメモは次の通りになるでしょう。

例1：（丸山）

total 48 ab 3 late 1
must 決 art. 3 この Mtg

（向）

48people －3＋ア1
第3 会，決

例2：(丸山)

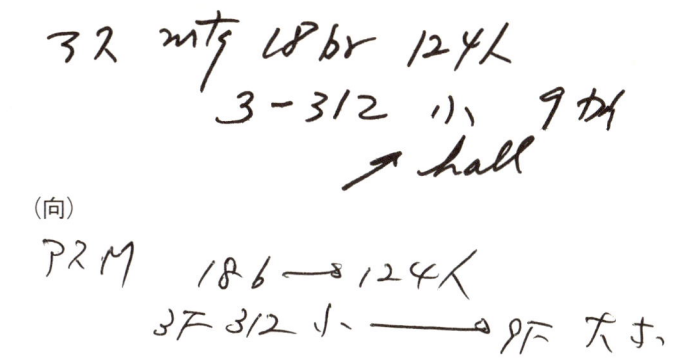

3ス mtg 18br 124人
3-312 小 9カイ
→ hall

(向)

アZM　186→124人
3F 312 小 →所 大す、

少し技術的なことをご説明しましょう。
・日本語、英語ちゃんぽん
　ノート・テーキングの場合、日英の場合は英語で、英日の場合は日本語で、すなわち通訳して言うほうの言語にしておいたほうが、すでに簡単な通訳ができているからその分スムーズに通訳が行える、という人もいますが、どちらのことばでも（あるいは第3の言語でも）、早く書けるほうで書けばいいのです。通常は日本語と英語が交じったメモになるようです。下記のアドバイスを参考にしながら、自分の好きな方法を開発してください。そのうちに自分に適したやり方が身につきます。

・漢字の使用は原則としてすすめません。何といっても漢字は画数が多く、どんなにくずして書いても時間がかかるからです。
　　hesitation ＝躊躇→ちゅーちょ、ちゅー、チュー

・しかし画数の少ないもので、簡単に書ける漢字は一目でわかるという利点があります。
　　mountain ＝山、stream ＝川、human being ＝人、
　　entrance ＝入口

・長い固有名詞などの場合、最初の漢字からアンダーラインを伸ばしたり、その文字を丸で囲んで省略の意味にしたりします。
　　文部省＝文　、文〜　、㊞

・英語のスペルが難しかったり、長い場合は日本語でメモする。カタカナを使うのも１つの手段。
　　foreign ＝そと、外、フォー（リン）

・ひらがなやカタカナで語句の頭だけ書いておけばそれがきっかけになって後が出てくる。
　　鎌倉の大仏＝かまだい、教育委員会の決定＝キョーケツ

・英語の略語を活用する。
　　許可された＝ＯＫ、否決された＝ＮＧ
　　通商産業省＝ＭＩＴＩ

・数字は当然アラビア数字。単位が多くなったら、区切りを省略する。
　　1,000 ＝ 1k (k=thousand)
　　1,000,000 ＝ 1m (m=million)
　　1,000,000,000 ＝ 1b (b=billion)

・数学記号を利用する。
　　＝：に等しい、すなわち、となったも同然です。
　　　　彼の努力は全然無駄になったも同然です。
　　　　　＝ his どりょく＝ all むだ
　　x2：倍になった。
　　　　売行きが倍増した
　　　　　＝ sale x2
　　＞：２つの比較、多いと少ない

Chapter 4 通訳メモの取り方

　　　支出が収入を上回った。
　　　＝ out ＞ in
　＜ : 2つの比較、少ないと多い
　　　山田の収入は本田の収入より少ない。
　　　＝やまかせぎ＜ほん
　∴ : したがって、だから、そういうわけで、そんなことで
　　　彼は通訳検定に受かったので、給料が上がった。
　　　＝ he ok つうけん ∴ pay ↗
　□² : どんどん増える。
　　　アメリカ人は親切だったので友達はどんどん増えた。
　　　＝US人 kind ∴フレ²
　≒ : だいたいにおいて等しい、を表す記号
　　　ジョンの背の高さは父親の高さにほとんど追いついた。
　　　＝じょん　せたけ≒パパ
　＋ : and, also
　　　彼は親切でそのうえ礼儀正しい。
　　　＝かれ　kind ＋ポラ
　− : but, however
　　　彼女は金持ちだけどけちだ。
　　　＝ she rich − stingy（or ケチ）

・図形の利用
　　↗＝上昇する
　　　日本の経済成長は2000年から上昇する。
　　　＝ j eco のび 2k ↗
　　↘＝落ち込む
　　　山崎運送会社の株は急速に下落する。
　　　＝山 trans co stock ↘↘（↘↘ : 急速に落ち込む）
　　〜＝　上がったり下がったり

円とドルのレートはここ3か月間上下しています。
＝ Y:$ りつ〜3つき

→| ＝ 〜まで

2010年までにはこの会社は売上が2倍になります。
＝→| 2010 co うり x2

|→＝ 〜から

わが社は1970年からずっと東京で操業しています。
＝ our co | 1970 → t ＯＫ オペ

✖＝だめになる、中止、停止、解散、倒産、破産、終結

Due to the higher costs, Johnson's company went bankrupt.
＝コス↑ジョンソン co ✖

〇＝良い

The new system that his company introduced enabled a remarkable improvement.
＝しん システ かれ しゃ imp 〇

3 実際のノート・テーキング

「中学英語の通訳」ではスヌーピーが印刷されている手の平サイズのかわいいメモ用紙と、ポケットにたまたま入っていた安いボールペンでも事が足りると思われる方がいるかもしれませんが、やはりプロ通訳の「装備」と「環境」を参考にしましょう。

必携する3つの道具

筆記用具としてはシャープペンシル、ボールペン、マジック（偶然ですが、ここに並べて品物の名前は全部 Japlish＝和製英語です。それぞれ mechanical pencil, ball-point pen, felt marker です。ご参考まで）はすべて不適当です。シャープペンシルは急いで書くと芯が折れ、ボールペンはインクが出なくなることがあり、マジックは下の紙にまで染み通ったりするからです。

そこで昔ながらの鉛筆、それもB、2Bくらいの軟らかいものを2～3本（折れたり、丸くなる場合を考えて）を用意します。消している時間はありませんので消しゴムの付いたものは要りません。消しゴム自体も不要です。

紙はA5、B5の大きさが良いでしょう。紙質はつるつる（表面の平滑度がある）で滑って書きにくかったり、電灯の光が反射して読みにくいアート紙、コート紙は避けて、昔ながらの藁半紙や上質紙（コピー用紙）が良いでしょう。そして、頭の左端をホチキス（英語では stapler）で斜めに1か所止め（上端をすっかり止めると、めくるとき時間がかかり、ホチキスを水平に止めると急いでめくったときに破ける場合があります）、机の上に置きます。うっかり飛ばして通訳してしまうミスが起きないようにページ数を下のほうに書いておきます。

立って通訳する場合はたいてい机を使えませんので、小型のクリップボードを持参することをおすすめします。

机または小さい演台などをあらかじめ主催者に要求して用意してもらいます。

書き方のスタイル

これは各人各様ですが、よく使われるのは横書き、左起こし、フレーズごとに1段ずつ落としていく形です。下記のような形式です。（あくまでも一例です。）

　　　　いろはに
　　　　　　ほへと
　　　　　　　　ちりぬる
　　　　　　　おわか
　　　　　　　　　よてれそつね
　　　　　　　　……

文頭を段々に落としていくのは、前後の関係をはっきりさせるためです。

速く書け、一見すればすぐにそこから通訳ができる。そんな必要から生まれたのが通訳メモです。自分なりの通訳メモの取り方を開発しましょう。

Chapter 5

同時通訳の基本

1 英語を頭から訳していく

　前項ではノート・テーキングについて説明しましたが、ノート・テーキングの必要のない通訳があります。そうです、同時通訳です。逐次通訳ではある程度の長さ（通常、発言者と通訳の事前の打ち合わせで1回の発言の長さを決めます）があるので、内容を落とさないようにノート・テーキングをしますが、同時通訳の場合は、発言を片端から（正確に言えば情報の最少単位で。通訳の技量やスタイルによって異なります。）すかさず通訳をするためノート・テーキングの時間はありません。全神経をまず「聞くこと」と「話すこと」に集中しなければなりません。「メモを書くこと」に注意が注がれると必要な作業ができなくなってしまいます。

　同時通訳の作業手順は、「聞く＋見る」→「理解」→「他の言語への置き換え」→「話す」です。「見る」が入っているのは、正式な同時通訳の場合、ブースのなかから発言者のジェスチャー、表情、使用するチャート、ボード書きなどを観客と同じ「向き」で観察することができ、この「観察」が発言の解釈・予測をするうえで大切な「補足情報」になるからです。

　ところで、この項では「日英同時通訳」についてはふれません。「英日」と「日英」では同じ同時通訳でも技術の内容が異なるからです。

　「英日」は通訳の「製品」がよく知っている日本語だということもありますが、最も基本的な通訳技術であるFIFO方式（次項参照）を使うのが容易だからです。

　英語は「5文型」が示すように語順がだいたい決まっていますが、日本語の場合は単語と単語をつなぐ助詞のおかげで、訳すときに語順をかなり自由に調節できます。

> 私は好きなの彼が＝ I like him.　(○)

> 私は彼が好き＝ I him like.（✕）
> 彼が好きなの私は＝ Him like I.（✕）
> 彼が私は好きなの＝ Him I like.（○、強調の倒置）
> 好きなの彼が私は＝ Like him I.（✕）
> 好きなの私は彼が Like I him.（✕）

　以上、3語の順列組み合わせでも日本語では助詞さえうまく使えば6通りとも可能性があるのに対し、英語の語順では通常の用法で2通りしか許されません。

2 FIFOの原則

　さて、いよいよ本論のFIFO方式の説明に入りましょう。FIFO（フィフォ）とは「First In, First Out＝ 先入先出法」という会計用語がその正体です。「先に入ったものから順に、後を待たずにどんどん処理していく」がその心です。これが同時通訳の根本原理になります。
　日本語で話された文を理解するときのことを考えてみましょう、耳から入ってくる文章を文の最後まで待って「理解」するのではないことはおわかりでしょう。話されている情報の一つひとつを頭から理解していくのです。

> 今朝、みなさまにご紹介したいのはこのボランティア団体の歴史です
> 1980年にこの団体は発足しました。
>
> 情報単位：今朝の話の内容 / ボランティア団体の歴史 // 1980年 / 発足 //

今度は英語の例をあげましょう。

> Ladies and gentlemen, I would like to introduce to you today's guest speaker, Ms. Linda North, president of YMCB. She will talk about her last trip to Africa. Please welcome Ms. North.
>
> 情報単位：Ladies and gentlemen / I would like to introduce to you / today's guest speaker/ Ms. Linda North/ president of YMCB // She will talk/ about her last trip/to Africa. // Please welcome Ms. North.

英語を母国語とする人はだいたい / や // で区切った情報単位ごとに理解していきます。日本人に理解してもらうためにはこの情報を英語の情報単位と同じ順に（つまりFIFO方式で）日本語でアウトプットしていけばいいのです。

E-1.Ladies and gentlemen,/ E-2.I would like to introduce to you /
     J-1.みなさま/   J-2.みなさまに
E-3.today's guest speaker/E-4.Ms. Linda North/E-5.president of YMCB//
  ご紹介しますのは J-3.本日のゲストスピーカー　/J-4.リンダ・ノース
E-6.She will talk/E-7.about her last trip/E-8.to Africa//
  さんです/ J-5.YMCBの会長です。//J-6.ノースさんのお話は /J-7.この前の旅行のことです /
E-9.Please welcome Ms. North//
J-8.アフリカに行きました。// J-9.ノースさんをお迎えください。//

上記のFIFO方式の同時通訳を図式化すると次の通りです。

英語の発言： E-1 E-2 E-3 E-4 E-5 E-6 E-7 E-8 E-9
通訳： J-1 J-2 J-3 J-4 J-5 J-6 J-7 J-8 J-9

　E-1 の情報単位が終了し次第 J-1 が出て、E-2 が終了し次第 J-2 が出て、以下このパターンを繰り返しです。「ぶつ切り」の情報単位は上記の場合は 3 〜 6 語ですが技術が向上すると情報単位が長くなり、次のようになります。しかし、いずれもこの程度の長さではノート・テーキングの必要もなく、また時間もありません。

英語の発言： E-1　E-2　E-3　E-4　E-5
通訳：　　　J-1　J-2　J-3　J-4

　日本語はレンガのように単語の順番を変えても、助詞がレンガとレンガの間を埋めるセメント役割をしてうまく文をつなげることができます。逐次通訳の場合と情報単位の順序を比べてみましょう。

　「(E-1)みなさま/ (E-3)本日のゲスト・スピーカーの/ (E-5)YMCBの会長である/(E-4)リンダ・ノースさんを/(E-2)みなさまにご紹介します/ (E-6)ノースさんのお話は/(E-8)アフリカに行った/(E-7)この前の旅行のことです。//(E-9)ではノースさんをお迎えください//」

　同時通訳の場合の情報単位の順序は「1 — 2 — 3 — 4 — 5 — 6 — 7 — 8 — 9」で、逐次通訳の場合の正しい（普通の）日本語の順序「1 — 3 — 5 — 4 — 2 — 6 — 8 — 7 — 9」と比べると、同じなのは「1」と「9」だけで、「2」にいたっては真ん中に来ています。しかし、語順が変わっても、伝わる内容に変わりのないことに注目してください。

　いかがですか。このように「英日同時通訳」では、助詞を上手に使うことによって英語の情報単位の順番に合わせて日本語をアウトプットできるのです。一方、通訳の「製品」が、単語の並び方のうえで融通のきかないジグソーパズル的な英語である日英同時通訳の場合にはこのようにはいきません。プロの通訳者は巧みな英語の表現によって元の日本語の文意を伝える努力をしているのです。

3 英日同時通訳の基礎練習

　同時通訳の特徴は主な作業である「聞く」「わかる」「訳す」「話す」が折り重なって進行することにあります。

　まず第1段階として真ん中の「わかる」「訳す」を取り除いて「聞く」「話す」の2つの作業の練習が必要です。この2つの作業の同時進行が訓練さえすれば難しくないことは、ここまで読み進んでこられたみなさんは、すでに体験ずみです。そうです、シャドーイングがまさにそれです。

　これから実際の練習の具体的説明をしましょう。以下の方法で実行してみてください。

①まず Exercise 1(Track 10)を使って練習します。Exercise 1 はここまで何回か利用しているのでやりやすいと思いますが、同時通訳の最初の練習としては難しいので、初めのうちはピッという区切り音ごとにポーズを空けて（少しの間CDを止めて）練習してください。事前にポーズを空けたテープをつくっておくのもいいでしょう。また、スピード調整のできるテープ・レコーダーを使ってもけっこうです。

②Exercise 1 をポーズを入れながらなんとか英日同時通訳ができるようになったら、今度はポーズを入れずに同時通訳をしてみてください。できるだけヘッドホーンを用いて音に集中して行ってください。

③Exercise 1 ができたら、Exercise 2 を使って同じように練習してください。

　この項ではしきりに情報単位をいうことばが出てきます。厳密に言えば単語一つひとつ独立した情報単位ですが、私たちは日本語でも英語でも単語単位で情報を理解は行っていませんね。

Chapter 5 同時通訳の基本

To be frank, I have no money until payday.

これをいくらなんでも「To ＝不定詞をつくる、be ＝ be 動詞の原形、with ＝共に、you ＝あなたに」などと理解したり通訳したりする人はいません。単語は文のなかでは個々の「市民権」はなくなり、それぞれの仲間とグループをつくります。この単位は句＝ phrase（イディオム＝慣用句がその典型）や文型上の主語、述部動詞、目的語、補語、修飾語でそれ以上「ぶつ切り」にできないものです。上記の例の最少情報単位は下記のようになります。

1. To be frank / 2.I will have/ 3.no money /4.until payday.
これを日本語にすると：
1.率直になる/2.私は持つ/3.ない金を/4.私の次の給料日まで。
となり、これではちょっとわかりにくい英日通訳です。

通訳上の最少情報単位は、初級者の場合は次のようになるでしょう。

1.To be frank/ 2.I will have no money/ 3.until payday.
1.正直なところ/2.（私は）お金がないんです/3.今度の給料日までは。

もっと腕が上がると「ぶつ切り」の切り身が厚くなります。

1.To be frank/2.I will have no money until payday.
1.じつはですね/2.今度の給料日まで（私は）お金がないんですよ。

プロの通訳者ならばこのくらいの長さを1つの切り身として扱うでしょう。

④ サイト・トランスレーション

　通訳には、頭で覚えた知識の蓄積ではなく、身体で覚えた技術の習得が必要です。通訳技術の向上は、ゴルフやテニスなどと同じように、練習の絶対量に比例します。したがって、少しの時間でも活用して、練習の「総時間数」を稼ぐ必要があります。

　出先で思いがけなく時間が余ったとしましょう。たとえCDやMDが手元になくても、本書や英語の雑誌など、英語が書かれているものさえあれば、十分通訳の練習はできるのです。そのとき行うのはサイト・トランスレーション（sight translation）、縮めて「サイトラ」などと呼ばれる練習方法です。ここでいうトランスレーションは、通訳を含めた広い意味の「訳」を表しています。日本語にすると「視訳」「眼訳」といったところでしょうか。

　英日同時通訳の練習（日英通訳の練習は、前述したように初心者には技術的に難しい）は、本来はCDやMDから英語を聞きながら行いますが、それらがなくても、英文を見ながら情報単位を目で切り取り、FIFO方式で日本語の訳文を声に出して言ってみるだけで、立派な通訳の練習になるのです。

　実際の同時通訳の現場では、スピーチの原稿は渡されても、そのテープがあるわけではないので、このサイト・トランスレーションで予行演習をすることになります。このように、「サイトラ」は非常に実践的なトレーニング方法でもあるのです。

　外出先での空き時間の利用法として、ぜひ、この練習方法を試してみてください。

Chapter 6

知っておこう

1　ミスを恐れることが最大のミス

　いろいろな国の人が参加する会議で、押し黙っている日本人を尻目に非英語圏の人たちがどんどん発言する、といった光景をよく目にします。彼らの英語は必ずしも良い英語ではありません。Rの発音が強い巻き舌で発音されたり（paper ＝パペル）、三人称単数で動詞にsやesがつかなかったり（My friend go.）、冠詞がなかったり（I have book.）、不規則動詞が間違って規則動詞になっていたり（I maked it.）、前置詞が抜けていたり（I go Tokyo.）、be動詞が間違っていたり（I is.）、などなど例をあげるときりがないほどミスだらけです。

　これらのミスはもちろんすすめられるものではありませんが、感心するのはそのようなミスにもかかわらず、言いたいことは意外に伝わっているということです。

　一方、日本人はなぜあまり発言をしないのでしょうか。答えは簡単です。「正しい英語で発言しないと恥ずかしい」と思っているからです。自分が発表できないのに「あんな変な英語でよくも臆面なく発言するなんて……」とか「あの意見は間違っている。私は反対だ」などと心の中でぼやいているだけなのです。ではいつになったら「正しい英語」が話せるようになるのでしょうか。討論されている話題について「あと1年したら発言しますよ」では話になりません。その場の意見はその場で出すしかないのです。たとえ多少間違った英語でも意思がちゃんと通じ、話し合いが成立することのほうがずっと重要です。

　一生懸命話そうとしている態度が伝われば、相手はその意図を汲み取ってくれます。困ったことに、日本人はジェスチャーもあまり上手ではないので、それすら相手に伝わりません

　筆者（丸山）の身近で起こったエピソードを紹介しましょう。横須賀線の電車に乗っていた時のことです。大船駅から酔ったアメリカの水兵が乗って来て「ヨコスカ？　ヨコスカ？」とわめいていました。水兵＋

横須賀とくれば、この水兵が「この電車で横須賀に帰れるのか」と聞いていることは明白でした。だれか近くの人が教えるだろうと思っていましたが、みな知らん顔をしています。そこへ職人風のかなり酔ったオジさんが電車に乗って来て、すぐに「ユー　ヨコスカ　ジス　オーケー、ヨコスカ　シックス　ネクスト」(You Yokosuka? This OK. Yokosuka six next.) と大きな声で水兵に言うと、水兵はこのオジさんに抱きついて感謝したのでした。

めでたし、めでたしですが、一方ほかのお客はどうして水兵に教えてあげなかったのでしょう。察するに、
・主語はどうしよう。Yokosuka かなあ。
・「6番目」は the が要るかなあ。six には序数の th がつくかなあ。
・th の発音が上手くできるかなあ。
・それ以上のことを聞かれたらどうしよう。
・私より英語の上手な人がいそうだなあ。その人が話せばいいのに。
・相手は酔っ払いだから「君子危うきに近よらず」だ。
といった意識が頭の中で渦巻いていたのではないでしょうか。もちろん正しくは次のような英語になるでしょう。

> Yokosuka is the sixth station from here.（学校英語）
> There are six more stations.（少しましな英語）
> You go six more stops.（おすすめの英語）

"six next"を聞いたときの周り人の態度には「あんな英語あるもんか」と軽蔑した様子が見えました。「軽蔑」の内容は恐らく次のようなものだったでしょう。

・next は形容詞、副詞で数詞をその前に置くのは間違い。（反論：「次の人」と呼ぶときに"Next person."と言わず"Next."と言うのと同じ用法で、next に駅の意味を含ませた一種の名詞または代名詞と考えられます。）
・主語も動詞もない。（反論：単語だけでも十分通じます。）
・発音が悪い。シックスではなくスィックスだ。（反論：水兵にはちゃんと伝わっていました。）

われわれは外国人が「私東京行く」と言っても、「あなたの日本語はでたらめだ。助詞がない。そんな日本語は理解できない」などと非難したりしませんね。「私は東京に行きます」と当然理解してあげるはずです。

② 大ベテランも間違える

　ここで、大ベテランでもミスは避けられないというエピソードをご紹介しましょう。ご本人がご自分のミスをある講座で教訓としてご披露されたのであえて引用させていただきます。

　その人はアポロ月面着陸のテレビ中継で本邦初の同時通訳を行い「同時通訳の元祖」として知られる西山千氏です。西山氏が宇宙飛行士と日本の学者との間の通訳をされていたとき、宇宙船の窓から見た光景に関して日本の学者から「ウチュージンを見ましたか」と質問があったそうです。「ウチュージン」を"aliens"とか"spacemen"と通訳しようとした瞬間「おかしいな、真面目な科学者の話に宇宙人が登場するはずがないなぁ……」という疑問が浮かび、「ああそうだ」ととっさに気がついて"space dust"（宇宙塵）と言い直して事なきを得たそうです。

　またあるとき、教育関係の会合で「日本では林間学校があります」という発言を、西山氏は"In Japan we have Lincoln School."と通訳してしまったことがあったそうです。アメリカ生活の長い西山氏は「りんかん」という音を聞いて反射的にもみあげを長く伸ばした大統領を思い浮かべてしまったのです。同席していた日本人のひとりから「リンカーンではなく林間ですよ」と耳打ちされて、あらためて"We have summer camp schools."と言い直されたそうです。

　西山氏のような大ベテランでも間違えることがあるのです。ミスを恐れていたら永久に通訳を試みる機会はないでしょう

3 日本人の弱点

　この章の原則論は「ミスはかまわない」です。しかし起きそうなミスを前もって知っておけば、不必要なミスは少なくなります。そこであえて、これまでの私の経験からもっとも起きそうなミスをとり出し、みなさんのご参考に供します。

　広義のミスはその程度、内容、状況などによって次のように分けられます。

1　そのままにしておいてもよい程度のミス（かすり傷＝ scratch 程度）
　このミスの大部分は文法や文型に関係のあるミスです。先にご紹介した横須賀線のエピソードがその典型です。正しい情報がすでに相手に伝わってその人が満足しているのに、"His English is awful. I'll tell you what." などとしゃしゃり出たとしたら余計なお世話です。どんなに文法から外れていても「情報」が伝わればとりあえずＯＫなのです。

2　後で訂正すればよいミス（バンドエイドが必要な切り傷＝ small cut）
　すぐその場で訂正する必要のないミスは、その大部分が個人的なことです。たとえば I have two sisters. を「私には姉が2人います」と通訳しましたが、後に「妹」だということがわかりました。個人的付き合いが将来も続いて、"姉" と "妹" の差が問題になりそうならば「先程の通訳中、姉と言いましたが妹の間違いでした」と率直に訂正したほうがよいでしょう。正直に「姉か妹かどちらかを2人持っています」と訳すと「この通訳適当なことを言っている」と誤解を招くことがあるので当面どちらかに決めて通訳したほうがよいのです。

3　その場で率直に詫びて訂正しなければならないミス
　　（湿布と包帯が必要な打撲傷＝ bruise）

表現上ではなく、情報の内容が間違っていてその情報が大きな影響力を持っている場合、しかも大勢の人がその影響を受ける場合などは即座に訂正しましょう。たとえば「明日は市立の病院を見学します。」を「市立」を「私立」、「ビョウイン」を「ビヨウイン」と聞き違えた結果、"Tomorrow, we will have a study tour of a private beauty parlor."と通訳してしまい、そばの人に間違いを指摘されたとしましょう。謝るのは勇気が要りますが、騒ぎになっては大変です。さっそく大声で"I'm sorry. I made a mistake. Tomorrow, we will have a study tour of City Hospital."と訂正しましょう。

文法編

　日本人のミスの常連は冠詞、前置詞、仮定法、受動態、単純過去と完了形の区別、自動詞と他動詞の区別（目的語の有無）、不規則変化の動詞、間接話法などです。例をあげて説明しましょう。

冠詞

　とくに定冠詞 the の使い方に注意が必要です。I have a car. = どんな自動車かは別として、とにかく自動車を1台持っている。I have the car. = 例の（当事者が知っている特定の自動車、たとえば一緒に旅行に行ったときの車）の自動車を持っている。

前置詞

　日本人は「で」に当たる前置詞の使い分けが苦手のようです。
　車で = by car、英語で = in English、ナイフで = with a knife、東京で = in Tokyo、癌で = from a cancer、道路で = on the street、15歳で = at 15、1,000円で = for 1,000 yen、赤で = in red など

仮定法

事実の反対を表し、現在は過去形、過去は完了形になります。

> If I were you, I would go now.（現在の事実の反対、私はあなたではない）
> If I had been there yesterday, I would have bought it.
> （過去の事実の反対、昨日そこにはいなかった）

受動態

英語の受動態が日本語では能動態である場合があります。

> 満足している。＝I am satisfied.
> 驚いた。＝I was surprised.
> 東京で生まれた。＝I was born in Tokyo.

完了形

単純過去形と混同しがちです。

> He went to Tokyo.＝東京に行った。
> He has gone to Tokyo.＝東京に行ってここにはいない。
> He has been to Tokyo.＝今までに東京に行ったことがある。
> I finished my lunch.＝昼食をとった。
> I have finished my lunch.＝昼食をとり終わった。食べてしまった。

自動詞と他動詞

他動詞は目的語が必要です。

> Did you enjoy（他動詞）the party?
> 　（誤）Yes, I enjoyed.
> 　（正）Yes, I enjoyed it.（目的語が必要）
> Can you repair（他動詞）this watch?
> 　（誤）Yes, I can repair.
> 　（正）Yes, I can repair it.（目的語が必要）
> Did you sleep（自動詞）well?

> Yes, I did.

かなり英語の得意な人でも引っかかる他動詞の代表選手は explain と discuss です。これらは他動詞ですから目的語が動詞のあとに直接つきます。

> （誤）I will explain about our plan to you.
> （正）I will explain our plan to you.
> （誤）Let us discuss about it later.
> （正）Let us discuss it later.

動詞の変化

不規則動詞の誤用はミスの定番です。

> （誤）I lied all day yesterday.
> （正）I lay all day yesterday.
> （誤）We layed the carpet yesterday.
> （正）We laid the carpet yesterday.

間接疑問文

これはネイティブスピーカーでも間違える人がいます。

> （誤）Do you know how old is he?
> （正）Do you know how old he is?

文法編はこれだけ書いただけでも受験英語の雰囲気になってしまいますので、これくらいにしましょう。もう一度言いますがこの程度の文法の間違いなら「情報＝言いたいこと」は十分伝わりますのでわざわざ訂正する必要はありません。

語彙編

ここには単語の誤った選択、間違ったイディオム、Japlish（英語の日

本語化および和製英語）の使用などの危険性をご披露しますので、「転ばぬ先の杖」にしてください。

●単語の使い分けのミス●

通訳で日本語と英語の単語の切り替えの際に意味を取り違えて、間違いをおかしてしまう場合がよくあります。

come

通常は「来る」ですが「行く」という逆の意味になることもあります。それは相手に近づいて行く場合です。

> A: Will you come to my party?
> B:（誤）Yes, I'll go.
> 　（正）Yes, I'll come.（A さんに近づく）

bring

通常は「持って来る」ですが、「持って行く」という逆の意味になることもあります。この場合も come と同様、相手に近づいて行く場合です。

> （電話で）
> A: Will you bring your camera tomorrow?
> B:（誤）Yes, I will take it.
> 　（正）Yes, I will bring it.

yes/no

「はい、いいえ」と「いいえ、はい」。これは前に説明してありますが、大事ですから、さらに説明します。否定疑問文の場合です。

> A: Don't you need this?「これ要らないの」
> B:（要らない場合）
> 　（誤）Yes.「要ります」の意味になってしまいます。
> 　（正）No.「要りません」

否定命令形の場合も同様です。

> A: Don't make this mistake again.
> B:（誤）Yes.「またやりますよ」
> 　（正）No.「もうやりません」

否定副詞のついた命令形に注意してください。

> A: Never smoke here again.
> B:（誤）Yes.「また吸いますよ」
> 　（正）No.「もう吸いません」

以上、要するに聞かれ方にかかわらず内容を否定するときは NO と答えるのです。

時　計

大きいのは clock、腕にするのは watch

> この部屋には時計がない。
> （誤）There is no watch in this room.
> （正）There is no clock in this room.

針

時計の針は hand です。

> 時計の針は正時を指している。
> （誤）The needles of the clock are on the dot.
> （正）The two hands of the clock are on the dot.

飲　む

「水を飲む」は普通に I drink water. ですが…。

> （誤）I drink soup.
> （正）I eat soup.
> （誤）I drink medicine.
> （正）I take medicine.

笑う

普通 laugh を使いますが、笑う程度や態度で区別があります。

> They laughed.（彼らはゲラゲラ笑った）
> She smiled.（彼女は微笑んだ）

したがって「彼女はにっこり笑った」を"She laughed."と訳すと「ばかにした」のニュアンスになってしまいます。

•イディオム•

イディオムは日本語でも英語でもそれなりの決まった形があり、その通りを丸ごと覚えて使うことが大切で、理屈は通用しません。

> ラジオで＝ on the radio（定冠詞使用）
> テレビで＝ on TV（無冠詞）

定冠詞がつくかつかないかは習慣的なものです。

手伝う

> （誤）I gave her helping hands.
> （正）I gave her a helping hand.（両手で手伝っても）

拍手する

> （誤）Please give him big hands.
> （正）Please give him a big hand.（両手で拍手するのに）

歩いて

> （誤）He came here on feet (by feet).
> （正）He came here on foot.（2本足で歩くのに）

•Japlish•

和製英語、英語の誤用などの例は無数にあり、ここではとても紹介しきれません。

Chapter 6 知っておこう

代表的なものだけを紹介しましょう。

● 単語を省略する

長い英語の単語を縮めて日本語化することが多いようです。
> television →テレビ
>
> mass communication →マスコミ

この日本式を英語に持ち込むとミス（これも Japlish）になります。
> mistake →ミス
>
> （誤）It's a big miss.
>
> （正）It's a big mistake.

> spelling →スペル（spell は動詞です）
>
> （誤）Tell me the spell.
>
> （正）Tell me the spelling.
>
> （正）How do you spell it?

● 音の変化

無理やり日本語の発音に置き換えたために「音」が日本語化してしまってそのままで英語に「出戻り」ができないものがあります。

バスルーム

> バスルームはどこですか。
>   （誤）Where is the busroom.（バスの部屋？）
>   （正）Where is the bathroom?

日本人にとって、ti, tei, tee, tea のティ、ティーは苦手な発音で、chi, chie, chee, cheai の発音に逃げてしまいがちです

チップ

75

あなたへのチップです。
（誤）Here is your chip.
（正）Here is your tip.

chip では薄い小片、ポテトチップの「チップ」や駅の立ち喰いそばを注文するときに自動販売機が出てくる色の付いたプラスチックの札などの意味になります。

チケット

chicket と発音したら入場券をもらえる保証はありません。
（正）Two tickets, please.

チーム

chiem では通じません。
（正）Our team is a good team.

ベスト

You have a nice best on. では相手は通じません
（正）You have a nice vest on.

プラットホーム

plathome ではないですね。
（正）Where is the platform?

コック

cock では雄鶏になってしまいます。料理人を指す「コック」は cook「クック」がなまったものです。

ファン

"I am a Giants huan." と言いたくなりますが、ファンは fanatic（熱狂

者）を縮めた fan が正解。"I am a Giants fan." にしないと通じません。

●他の言語に由来する外来語

外来語といっても not always from Britain or America です。

英語だと思ってあるカタカナ日本語をちょっと英語らしく発音しても通じないか、違う意味になってしまうことがよくあります。

パン ＝ポルトガル語
（英語）I need some bread.

カルテ ＝ドイツ語
（英語）This is his patient's record sheet.

トランプ ＝英語

trump という単語はありますが、これは英語自体が外来語で「切り札」という意味です。
（英語）I need a pack of playing cards.

メス ＝オランダ語
（英語）Where is a scalpel?

ゲレンデ ＝ドイツ語（ザイル、ヒュッテ、ピッケル、などもドイツ語です）
（英語）This is a good ski slope.

アルバイト ＝ドイツ語

ドイツ語の Arbeit は「働く」という意味で日本語のアルバイトの意味はありません。
（英語）I have a part-time job.

ランドセル　　＝オランダ語

（英語）She has a satchel.

アベック　　＝フランス語

avec = with で「一緒に」と言う意味。
"There are many avecs."ではどうしようもありません。

（英語）There are many (dating) couples.

●意味が変化したもの

英語の単語であっても、日本語として本来の意味とまったく違う意味で使われているものがあります。

（自動車の）ハンドル

handle は「取っ手」で自動車とは関係ありません。

（英語）His hands are on the (steering) wheel.

ハーフ

うっかり"You look like a half."と誉めたつもりで言っても"Get lost."「消えて失せろ」と怒鳴られるのがオチです。文字通り「あんたは半端な人間だ」と言ったことになるからです。

（英語）She is half-Japanese.
　　　　She is of mixed blood.

バイク

日本では原動機付自転車、すなわち 50cc 程度のスクーターないしオートバイを指しますが、アメリカでは自転車のことです。

（英語）My father bought me a new bike.

●日本語から来た和製英語

完全な和製英語で語源はもともとわが国です。したがって上記のものと同様に正規の英語に置き換えないで使用すると危険です。

シャープペン

（正）Let me use your mechanical pencil, please.

電子レンジ

（正）Use my microwave oven, will you?

●いろいろな意味を持つ単語●

英語の単語にはいろいろの意味を持つものや、形は同じでもまったく違う語源を持つ「同音異義語」があります。

boy

"Oh, boy! I can't find my key."を「ああ、少年よ、鍵が見つからない」と訳してはお粗末です。「助けてくれ！　鍵がないよう！」となります。boy は驚きの表現で my などとともによく使われます。

pants

発音通り「パンツ」の意味もありますが、町でいきなり"Nice pants you have."と言われても「えっ、パンツがはみだしていて見えるのかなあ」などと慌てないでください。「かっこいいズボンだね」と誉めてくれたのです。本当の「パンツ」は underpants, shorts, briefs と言います。アメリカで医者に"Take off your pants."と言われて生まれたままの格好 (birthday suit) になった日本人がいたそうです。

well

"I am very well." "You speak English well."の well は形容詞「良い」、

副詞「良く」はだれでも知っています。"Well, I think ...."の well は「そうですねえ…」と答えを引き伸ばす意味です。では"Well, we'll dig the well well."はどうでしょう。最後から2番目の well は井戸です。もうひとつ"Well, well, welcome to Wells."「やあやあウエルズ（地名）にようこそ」はいかがですか。

hot

「熱い」はご存じですね。では"This curry is hot."はどうでしょう。「カレーが熱い」ではなく、「カレーが辛い」です。

tip

外国人に"I'll give you a tip."と言われても「いくらくれるかなあ。100ドルかなあ」などとニヤニヤしないでください。tip にはヒント (hint) またはこつ (knack) の意味もありますので、「コツを教えましょう」が正解です。

nail

"Give some nails, will you?"と言われても"I can't give you my nails（爪）"などと答えないでください。この nail は「釘」です。

fine

"I'm fine"（元気です）や"It's a fine day"（いい天気です）のほかに"I had to pay a fine."の fine は「罰金」のことです。

fine grains は「細かい粒」です。

fair

fair には"My Fair Lady"や fair weather のように beautiful の意味がありますが、You must be fair.を「あなたは美しくならなければいけません」と通訳したらお粗末です。この場合の fair は「公平な」で、"That's not fair." 「不公平だよ」といった使われ方をします。trade fair「博覧会」もついでに覚えましょう。

lie

「横になる」は lie, lay, lain と活用する不規則動詞です。ほかに「うそをつく」もあります。その場合は規則動詞です。You lied to me. It's a lie. と名詞にもなります。

ball

ballroom「舞踏場」のように、ball には「踊る」「舞踏会」の意味があります。フランス語が外来語として入ってきたものです。

order

"May I take your order?"「ご注文になりますか」のように「注文」とひとつ覚えしないでください。in order「整頓された」のように「順序」の意味があります。

PART II

実践通訳演習
◆英日通訳（Exercise 1-25）
◆日英通訳（Exercise 26-50）

付属のCDの内容とTrack番号
ウォームアップ練習1	Track 2・3
ウォームアップ練習2	Track 4・5
ウォームアップ練習3	Track 6・7
ウォームアップ練習4	Track 8・9
Exercise 1－25（英日通訳）	Track 10－34
Exercise 26－50（日英通訳）	Track 35－59

通訳トレーニングの進め方

　本書は初級の人を対象とした通訳トレーニングの本ですが、初級者といっても、いろいろなレベルの方がいると思います。すべての人が本書で十分な練習ができるように、ここでは3つのレベルに分け、それぞれ異なったやり方でトレーニングしていただきます。

　センテンスごとの訳から、段落ごとの訳、そして全文の逐次通訳へ、そして英日（英語→日本語）または日英（日本語→英語）だけの片側通訳から英日／日英双方の両側通訳へ、さらには逐次通訳から同時通訳へというように、徐々に高度な内容の練習に移っていきます。ではがんばってください。

■レベル・チェック

　まず、自分がどのレベルか、下記の基準にしたがって自己診断してください。

レベルⅠ（初級の初級）

　Exercise 1をHello!とかMy name is Mary.など、1文ずつならなんとか通訳できるが、段落ごとにまとまって話されると通訳することができない人を対象とします。段落とはExercise 1を例にとると、"Hello! My name is Mary. I'm from California. I'm 15 years old." というCDでピッピッ（/）という合図音が入るまでのまとまった文章です。レベルⅠの人は「単語」および「フレーズの繰り返し練習」から始めてください。

レベルⅡ（初級の中級）

　Exercise 1を段落ごとに、たとえば上記の文章を、「こんにちは。私の名前はメアリーです。私はカリフォルニアから来ました。私は15歳です。」となんとか通訳できる人を指します。レベルⅡの人は「センテンスの繰り返し練習」から始めてください。

レベルⅢ（初級の上級）

　Exercise 1の全文を、メモを取りながら終わりまで（ピーという合図音が入るまで）聞き、その後で全文をなんとか通訳できるレベルの人を

対象とします。レベルⅢの人は「段落ごとの繰り返し練習」から始めてください。

■ウォームアップ練習

レベルⅠの人のための練習です。CDのウォームアップ練習1～4を使います。単語とフレーズを繰り返すシャドーイング練習です。日本語、英語の順に行います。

「単語の繰り返し練習」

単語をCDの通りにそのまま3、4語遅れで繰り返していく練習です。テキストは見ないで耳だけに頼ってください。聞いた単語の意味を頭の中にイメージしながら行いましょう

「フレーズの繰り返し練習」

今度は単語ではなくフレーズごとに繰り返していってください。1フレーズまたは2フレーズの遅れで聴きながら同時に繰り返していきます。意味を頭の中にイメージしながら行うのは同じです。

■センテンス／段落の繰り返し練習

Exercise 26～30（日英通訳）、Exercise 1～5（英日通訳）を使って行います。この練習も日本語、英語の順に行います。

「センテンスの繰り返し練習」

レベルⅡの人はこの練習から始めます。各Exerciseをセンテンスごとに、聞いた後にすぐそのまま繰り返していくシャドーイングの練習です。日本語も英語も聞きながらその内容（意味）を頭の中にイメージしてください。テキストは見ないで行ってください。センテンス（My name is Mary.）の区切り（終わり）ごとにピッ（▽）という合図音が入っていますので、合図音の後にCDをいったん止めて繰り返してください。できればピッ（▽）の1文遅れで、CDを止めずにそのまま聴きながら繰り返すという練習をしてください。段落ごとに（ピッピッ（/）という合図音が入っています）少し休んでください。

「段落ごとの繰り返し練習」

　　レベルⅢの人はこの練習から始めます。「センテンスの繰り返し」と同じですが、今度はもう少し長く、段落ごと（ピッピッの合図音が入る）に1文程度の遅れで、そのまま（日本語はそのまま日本語で）繰り返すシャドーイング練習です。メモを取ってもかまいません。段落ごとにCDを止めて少し休んでもかまいませんが、できるなら全文の繰り返しをしてください。やさしい文章でも、そっくり繰り返すのは慣れるまでは意外に難しい練習です。そっくりといってもイメージを描きながらその内容を繰り返せばいいので、ことばや言い方が多少変わってもかまいません。

■英日逐次通訳演習（Exercise 1～25を用いた演習）

「段落ごとの逐次通訳練習」

　　今度は英文を日本語（あるいは日本語を英語に）に通訳する練習です。メモを取りながら英語（あるいは日本語）を聞き、段落ごとに（ピッピッの合図音の後で）CDを止めたらすぐメモを見ながら通訳をしてください。段落ごとの通訳が難しい場合は、まずセンテンスごとにCDを止めて通訳する練習をしてください。また、英語と日本語の双方が録音されている場合は、レベルⅠ、Ⅱの人はまずは片側通訳（英日通訳練習では英→日のみ、日英通訳練習では日→英のみ）の練習をし、できるようになってから両側通訳（英→日、日→英の双方）の練習をしてください。

「全文の逐次通訳練習」

　　段落ごとにCDを止めずに全文（各Exerciseの全文）をメモを取りながら聞き、終わったらすぐにその全体を通訳してください。英日通訳練習の場合、CDの英語を聞きながら内容をイメージし、それを日本語に通訳して話す感じで行ってください。これは日英通訳練習の場合も同じです。
　　英語と日本語の双方が録音されている会話の場合は、英語あるいは日本語の話の後（ピッピッの合図音がある）でいったんCDを止め、1人の話ごとに通訳をしてください。一通り終わったら次のExerciseに移ります。

■**日英逐次通訳演習**（Exercise 26～50を用いた演習）

　英日逐次通訳演習と同じですが、今度は日英通訳を中心に通訳練習をします。できる人は日英／英日の双方を両側通訳してください。

■**英日同時通訳演習**（Exercise 1～25を用いた演習）

　最初は段落ごと（ピッピッの合図音）に、次に全文の英語を同時通訳してください。

■**日英同時通訳演習**（Exercise 26～50を用いた演習）

　最初は段落ごとに、次に全文の日本語を同時通訳してください。できたら日英／英日双方の同時通訳の練習をしてください。

本書で行う通訳トレーニングの流れ

レベル・チェック（自己診断）

	レベルⅠ	レベルⅡ	レベルⅢ
ウォームアップ練習	単語の繰り返し練習		
	フレーズの繰り返し練習		
センテンス／段落の繰り返し練習	センテンスの繰り返し練習		
	段落ごとの繰り返し練習		
英日逐次通訳演習	段落ごとの逐次通訳練習		
	全文の逐次通訳練習		
日英逐次通訳演習	段落ごとの逐次通訳練習		
	全文の逐次通訳練習		
英日同時通訳演習	段落ごとの同時通訳練習		
	全文の同時通訳練習		
日英同時通訳演習	段落ごとの同時通訳練習		
	全文の同時通訳練習		

Exercise 1
英日通訳
Track 10

(注) ▽ はピッという合図音
　　 / はピッピッという区切り音
　　 // はピーという終了音

状況：挨拶

簡単な自己紹介をしています。

Hello! ▽ My name is Mary. ▽ I'm from California. ▽ I'm 15 years old. / I'm a high school student. ▽ I have two brothers. ▽ They are John and Ted. / John is my big brother. ▽ He is 20 years old. ▽ He studies engineering at college. / Ted is my little brother. ▽ He is only 10 years old. ▽ He is in fourth grade. ▽ We all like tennis very much. / We sometimes play tennis together. ▽ I like swimming, too. ▽ There is a little lake near our house. ▽ I sometimes swim there. / John and Ted like fishing. ▽ My father has a little boat. ▽ They all sometimes go fishing in the lake. //

vocabulary notes

I'm from ... …から来た、…に住んでいた、という意味（**I come from**とも言う）
big brother 兄（口語表現）　　**engineering** 工業技術
little brother 弟（口語表現）　　**fourth grade** 小学4年生

Exercise 2
英日通訳
Track 11

（注）▽ はピッという合図音
　　　 / はピッピッという区切り音
　　　 // はピーという終了音

> **状況：挨拶**
>
> 自分の家や家族について紹介しています。

There are two big trees in front of my house. ▽ They are cherry trees. / In spring they are beautiful with white flowers. ▽ And we can eat sweet cherries in summer. / Our house is small but it is very cute. ▽ It is white, and the roof is red. / There are many flowers in our garden. ▽ There are red roses, blue forget-me-nots and white daisies. ▽ They are very pretty. / There are five people in my family. ▽ They are my father, my mother, my grandmother, my younger sister and me. / My father is an office worker. ▽ My mother cooks very well. ▽ My grandmother likes gardening. //

vocabulary notes

in front of ... …の前に　　**cute** かわいい　　**roof** 屋根
forget-me-not 忘れな草　　**daisy** デイジー（ひな菊）
office worker （一般的に）サラリーマン
gardening 庭いじり、ガーデニング

Exercise 3
英日通訳
Track 12

(注) ▽ はピッという合図音
/ はピッピッという区切り音
// はピーという終了音

状況：挨拶

日本の学校で教えることになったカナダ人の英語教師が教員一同に挨拶しています。

Good afternoon, everyone. ▽ My name is Susan Woods. ▽ Please call me Sue. / I was born in Vancouver in 1968. ▽ And I still live there, too. ▽ My parents and two sisters live in Vancouver, too. ▽ Oh yes, and we have two dogs. / Vancouver is a nice city. ▽ We can ski. ▽ And we enjoy sailing, too. ▽ There are many Japanese, Chinese and Koreans in Vancouver. / I came to Japan 3 weeks ago. ▽ I arrived at Narita. ▽ Then I came to Nagano last Sunday. / I like soba and tempura. ▽ I like kabuki and kyogen, too. ▽ My hobby is cooking. / I can cook Canadian dishes. ▽ Please come to my apartment. ▽ I will show you how to make Canadian food. //

vocabulary notes

sailing ヨット競技、ヨット遊び   **Korean(s)** 韓国人
arrive at ... …に到着する
oh yes （思い出して）あっそうそう   **dish(es)** 料理

Exercise 4
英日通訳
🎧 Track 13

（注）▽ はピッという合図音
　　／ はピッピッという区切り音
　　∥ はピーという終了音

状況：案内

サンフランシスコの観光バスの車内で現地のガイドが日本人のツアーグループに案内をしています。

Hello, everyone. ▽ I am Tom Wilson. ▽ I am your guide today. / Sorry, I cannot speak Japanese. ▽ Ito-san in your group is helping me. ▽ Thank you, Ito-san. / I will study Japanese hard. ▽ So, please listen to Ito-san. / Did you have a good time last night? ▽ How was your dinner in Chinatown? ▽ Was it good? ▽ Better than the one in Yokohama? / OK, today we'll be visiting Napa. ▽ They make wine there. ▽ Do you like wine? / They make red wine and white wine. ▽ They make rose wine too. ▽ Which do you like best? ▽ You can taste some there. / OK, let's go. ▽ We will be crossing the Golden Gate Bridge. ∥

vocabulary notes

hard 一生懸命に　　**have a good time** 楽しむ
Napa サンフランシスコの北にあるワインの産地
cross 渡る　　**Golden Gate Bridge** ゴールデン・ゲート・ブリッジ（金門橋）

Exercise 5
英日通訳
Track 14

(注) ▽ はピッという合図音
　　 / はピッピッという区切り音
　　 // はピーという終了音

状況：案内

デンマークのホテルで現地のガイドが日本人のツアーグループに案内をしています。

Welcome to Denmark. ▽ Well, here is our schedule for today. / This is a map of Denmark. ▽ We are here. ▽ This is Copenhagen. ▽ Copenhagen is the capital. / People speak Danish in Denmark. ▽ We are Danes. ▽ About 5 million people live in Denmark. / We will go to Tivoli this afternoon. ▽ What is Tivoli? ▽ Well, it is an amusement park. ▽ It is like Disneyland. / Do you like amusement parks? ▽ Tivoli has a concert hall. ▽ And it has a theater. ▽ It also has a merry-go-round. / It has many shows and attractions. ▽ Children like Tivoli very much. ▽ Everyone likes Tivoli. ▽ Let's enjoy Tivoli this afternoon. //

vocabulary notes

capital 首都
Danish デンマーク語　　**Dane(s)** デンマーク人
Tivoli チボリ（コペンハーゲンの遊園地）
amusement park 遊園地　　**concert hall** 音楽堂、コンサート・ホール　　**merry-go-round** メリーゴーランド
attraction 催し、アトラクション

Exercise 6
英日通訳
Track 15

（注）▽　はピッという合図音
　　　/　はピッピッという区切り音
　　　//　はピーという終了音

状況：スピーチ

来日したドイツのボランティア救急隊の幹部が日本の同種の団体に指導をしています。

Good morning, Japanese volunteers. ▽ I am very happy this morning. ▽ And that is because I see so many volunteers here. / In Germany I teach first-aid. ▽ There are many cars in Germany. ▽ There are also many cars in Japan. / People in Germany drive fast. ▽ So we have many car accidents. ▽ You have many car accidents too. / Have you ever helped someone in a car accident? ▽ First-aid is very important. ▽ First-aid can save a life. / Today we will have a first-aid lesson. ▽ So please listen to me carefully. ▽ This is my first-aid kit. ▽ It is in a case. / Now I will open it. ▽ These are bandages. ▽ I have long bandages, short bandages, wide bandages and narrow bandages. //

vocabulary notes

first-aid　応急手当て　　**car accident**　交通事故
first-aid kit　救急箱
bandage　包帯　　**narrow**　細い

Exercise 7
英日通訳
Track 16

(注) ▽ はピッという合図音
／ はピッピッという区切り音
／／ はピーという終了音

状況：スピーチ

アメリカ人のボランティアのキャンプ・リーダーが中学生のキャンプでスピーチをしています。

What was the biggest invention of the 20th century? ▽ Was it the airplane? / Japan's shinkansen? ▽ America's Space Shuttle? ▽ I think it is the computer. / Today, almost everyone uses computers. ▽ Even kids use them. ▽ Don't you? ▽ Sure you do. / The computer can do many things for us. ▽ What can we do with them? / We can write letters. ▽ We can make lists and charts. ▽ We can draw pictures. ▽ We can color them in. / We can print. ▽ We can send mail. ▽ We can receive mail. ▽ We can file mail. ▽ We can even shop. ▽ We can do many, many things. //

---

vocabulary notes

invention 発明　　**the 20th century** 20世紀
Space Shuttle スペースシャトル
kid 子ども　　**list** 表　　**chart** 図表　　**draw** 描く
color 色をつける、着色する
print 印刷する　　**file** ファイルする
shop 買い物をする

Exercise 8
英日通訳
🎧 Track 17

（注）▽ はピッという合図音
　　／ はピッピッという区切り音
　　// はピーという終了音

状況：パーティー

英語教師として来日したイギリス人が地元の祭りの打ち上げパーティーに参加して、会場の日本人と通訳を通して会話をしています。（カッコ内は相手の返事。レベルⅠの方は英日のみの片側通訳。レベルⅡの方は、できれば英日・日英の両側通訳。レベルⅢの方は英日・日英の両側通訳。）

This is a big party. ▽ How many people are here？/（約200人です）/ Oh, that many? ▽ Are they all from Yoshida City？/（そうです）/ What is this？/（やきとりです）/ Oh, this is yakitori. ▽ ...This is good! ▽ This is very tasty. ▽ I like this. ▽ What is this？/（すしです）/ Oh, this is sushi. ▽ ...This is good, too. ▽ Please give me some more sushi. ▽ ...Thank you very much. / I want more sushi, please. ▽ What sushi is this？/（マグロです）/ Can I have this? ▽ ... Thank you. ▽ What sushi is this？/（タコです）/ Octopus! ▽ OK, I will try this too. ▽ This is good too. / Mr. Takemoto, have you ever been to London? /（行きました）/ You have. ▽ What did you see there？/（バッキンガム宮殿に行きました）/ That's good. //

vocabulary notes

that many　そんなにたくさん　　**tasty**　おいしい
octopus　タコ
have you (ever) been to...?　…に行ったことがあるか。

Exercise 9
英日通訳
Track 18

（注）▽ はピッという合図音
　　　/ はピッピッという区切り音
　　　// はピーという終了音

状況：パーティー

来日しているカナダの福祉ボランティアが、日本の同種のグループの研修会に出席しています。昼食時に、主催者と話をしています。（レベルⅠの方は英日のみの片側通訳。レベルⅡの方は、できれば英日・日英の両側通訳。レベルⅢの方は英日・日英の両側通訳。）

Mr. Yamazaki, I enjoyed your speech this morning. ▽ It was a really good speech. ▽ I learned a lot. / （ありがとうございます） / The people in your group are very nice. ▽ I like them very much. ▽ How many members do you have? / （約200人います） / You have a big organization. ▽ Very nice. / （ありがとうございます） / In Vancouver we have a lot of on-the-job training. ▽ Do you, too? / （はい、あります、あなたの団体には会員は何人くらいおられますか） / In Vancouver we have 150 people. ▽ How often do you have seminars like this? / （年2回です、そちらではどうですか） / Three times a year. ▽ This is a big dining room. ▽ And this is a good lunch. ▽ Do you always have your meals here? / （はい、そうです） / What dish is this? / （天ぷらです） / ... It's very good. ▽ Have you been to our country? / （はい、行ったことがあります） / Where to? / （トロントです） / Did you like Toronto? / （はい） / That's good. //

vocabulary notes

enjoyed 楽しんだ	**organization** 組織、団体
on-the-job training 実習	**seminar** 研修、セミナー
three times a year 年3回	**Where to?** どこに行きましたか

Exercise 10
英日通訳
Track 19

（注）／ はピッピッという区切り音
　　　// はピーという終了音

状況：商談

イギリスの輸入会社の代表が日本の玩具メーカーを訪れて商談をしています。(レベルⅠの方は英日のみの片側通訳。レベルⅡの方は、できれば英日・日英の両側通訳。レベルⅢの方は英日・日英の両側通訳。)

Good morning, my name is Cooke, Kenneth Cooke of Ace Company. ▽ I am from London. / How do you do? ▽ Here is my business card. ▽ May I have your business card? /（はい、どうぞ）/ Thank you very much, Mr. Kimura. ▽ By the way, we like your toys. ▽ You make good toys. /（ありがとうございます）/ In Europe, your Bakemon toys are very popular. ▽ We want your Bakemon toy A-11. ▽ Do you have it? /（いくつですか）/ We want 3,000 toys. ▽ How much is it for one? /（1,500円です）/ How much of a discount can you give us? /（20％です）/ Please give us 30 percent. /（25％にしましょう）/ OK, 25 percent. ▽ We also want 500 catalogs in English. ▽ Do you have them? //

vocabulary notes

business card （仕事用の）名刺　　**popular** 人気がある
for one 1つでは　　**discount** 値引き
catalog カタログ

Exercise 11
英日通訳
🔊 Track 20

(注) / はピッピッという区切り音
    // はピーという終了音

状況：挨拶

シドニーオリンピックに参加した日本人のボランティア・グループに対して現地の責任者が挨拶をしています。

Hello, fellow volunteers from Japan. My name is Jean Lights. I am the coordinator for Japanese volunteers. Please call me "Jean" or "J". / Thank you very much for coming to Sydney from Japan. We are happy to welcome you all here. You are a great help to us. / We are very busy every day. We have a lot of things to do at the Olympic Games. We have many athletes. We have a lot of people from TV and radio. / We have a large group of reporters from newspapers. We also have huge groups of spectators and tourists. So Sydney now is full of visitors. / Most of them are strangers to this city. So first please study the map of our facilities. //

vocabulary notes

coordinator　コーディネイター（連絡責任者）
athletes　スポーツ選手　**reporter**　記者　**huge**　大きな
spectator　観衆　**tourist**　旅行者　**full of ...**　…で一杯、
stranger　（ここでは）外国人（本来はシドニーが初めての人の意味）
facilities　施設

Exercise 12
英日通訳
Track 21

(注) /はピッピッ音の区切り音
　　//はピーという終了音

状況：挨拶

スリランカの英語教師が日本の中学で英語を教えることとなり、クラスで挨拶をしています。

Hello, my friends in Japan. I come from Sri Lanka. My name is Jaran Putra. / My city is Colombo. Do you know where it is? It is in the southwest area of Ceylon Island. / I was a high school teacher. I taught English. English is very important. My students studied it very hard. / I will stay in Japan for six months. I will teach you English. Do you like English, too? I hope you do. You will meet me three times a week: Mondays, Wednesdays and Fridays. / I live in Totsuka, Yokohama. I come to this school every day. Please come to see me in the teachers' room anytime. //

vocabulary notes

Ceylon Island　セイロン島　　**important**　大切な
teachers' room　職員室　　**anytime**　いつでも

Exercise 13
英日通訳

Track 22

（注）／ はピッピッという区切り音
　　　// はピーという終了音

状況：案内

タイを旅行中の日本人グループに現地のガイドが案内をしています。

Hello, everyone from Japan. Ohayo gozaimasu. Welcome to Thailand. And welcome to Bangkok. / Is this your first time to Thailand? I will tell you something about Thailand. / Oh, I am sorry. My name is Sue Myan Lui. I am your guide today. Our bus driver is Mr. Chang Sin Lee. / Bangkok is a large city. About 10 million people live in this city and about 60 million people live in Thailand. Bangkok means The City of Angels. / Thailand is a Buddhist country. There are about 400 temples in Bangkok. Bangkok is like Venice. There are many canals. Many boats go up and down the canals. //

vocabulary notes

Thailand タイ　　**angel** 天使　　**Buddhist country** 仏教国
temple 寺院　　**canal** 運河　　**go up and down** 往来する

Exercise 14
英日通訳
Track 23

（注）／ はピッピッという区切り音
　　　 ／／ はピーという終了音

状況：スピーチ

アメリカ人の青年が日本の中学生のクラスでスピーチをしています。

Do you know what the modern Aladdin's lamp is? What do you think it is? I have it in my bag. See, here it is. / Yes, it is my computer. The computer is today's Aladdin's lamp. We can do a lot of things with a computer. / Do you know what the Internet is? Through it, I can get a lot of information. I can get catalogs and do shopping. I can send money, too. I can get a ticket for my favorite show. / Do you want to send a letter to Africa now? You can send it without stamps. Isn't it wonderful? That way I say this computer is my Aladdin's lamp. //

---

vocabulary notes

Aladdin's lamp　アラジンのランプ（魔法のランプ）
Internet　インターネット
through it　それを通して　　**favorite**　好きな

Exercise 15
英日通訳
Track 24

（注）/ はピッピッという区切り音
// はピーという終了音

状況：スピーチ
イギリス人の英語教師が日本の中学でスピーチをしています。

Good afternoon, students. Today I will talk about English. Do you like your English lessons at school? I hope you do. / Are you good at speaking English? I hope you can speak English. Why? Well, I'll tell you. Because English is the most important language in the world. / Most educated people of the world know some English. When I went to Germany, I spoke English. When I visited Spain, I talked in English. In Russia, I used English too, because Ican't speak Russian at all. / So if you can speak English, you can talk with many people. Don't you want to learn English? //

vocabulary notes

be good at ... …が上手　　**educated** 教育のある
Don't you want to ... …してみたくないか（したいだろう、という逆説的な質問）

Exercise 16
英日通訳
🎧 Track 25

（注）／ はピッピッという区切り音
　　／／ はピーという終了音

状況：パーティー

日本の中学で日本人教師とティームティーチングしているニュージーランド人の英語教師がその学校のPTA主催のパーティーに出席をしています。（レベルⅠの方は英日のみの片側通訳。レベルⅡの方は、できれば英日・日英の両側通訳。レベルⅢの方は英日・日英の両側通訳。）

（あなたは先生ですか）／ Yes, I am. ／（何を教えていらっしゃいますか）／ I teach English. Are you a teacher too? ／（いいえ、私はＰＴＡのメンバーです。私は渡辺と言います。渡辺トモ子です）／ Oh, my name is Tom Bush. ／（アメリカの方ですか）／ No, I'm not. ／（どちらからいらっしゃいましたか）／ I am from New Zealand. ／（日本は好きですか）／ Yes, very much. Now I am learning judo. ／（柔道ですか）／ Yes, I like judo. ／（どうして柔道を）／ Because it is a good sport. Let's have some food. Oh, I like this. This is good sushi. ／（こちらはいかがですか）／ Oh, I like this too. Tempura is very nice. I like shrimp tempura. By the way, have you ever been to New Zealand? ／（いいえ）／ Please come to my country. It is a nice country. There is nature everywhere. ／（羊はいますか）／ Yes, we have a lot of sheep. Please come to New Zealand some day. ／／

vocabulary notes

PTA=Parent-Teacher Association　ピーティーエー
shrimp　エビ
some day　いつか

Exercise 17
英日通訳
Track 26

（注） / はピッピッという区切り音
　　　 // はピーという終了音

状況：商談

日本のメーカーに米国のビジネスマンが商談に訪れました。
（レベル I の方は英日のみの片側通訳。レベル II の方は、できれば英日・日英の両側通訳。レベル III の方は英日・日英の両側通訳。）

Good morning. My name is John Lee. I am from Adams Trading Co. in New York. This is my business card. / （私の名刺です） / You are Mr. Mikio Tada. You are the production director, I see. Thank you very much. You have a nice company. How many people do you have? / （50人です） / Very good. / （ところでご用件は） / We want to buy your Model 21. Do you have it? / （はい、あります） / How many do you have now? / （2,000個位です） / About 2,000. I see. / （不足ですか） / We want 3,000. / （すぐ作れます） / When can you make another 1,000? / （6月の終わりです） / What about by early June? / （無理です） / You can't? OK. We can wait. How about your discount rate? / （15%です） / We want 25 percent. / （難しいです） / What about 20 percent? / （結構です） / Good, thank you. //

vocabulary notes

Adams Trading Co.　アダムス商会
Production Director　製造部長
What about ...?　…はどうですか
discount rate　値引率
ご用件は　What can I (we) do for you?

Exercise 18
英日通訳
Track 27

（注）／ はピッピッという区切り音
　　／／ はピーという終了音

状況：商談

イギリスの玩具メーカーの担当者が日本の会社で部品調達の商談をしています。（レベルⅠの方は英日のみの片側通訳。レベルⅡの方は、できれば英日・日英の両側通訳。レベルⅢの方は英日・日英の両側通訳。）

How do you do? My name is Martin Cohen. I am production director for the A&B Company. This is my business card. / （はじめまして、コーエンさん） / This is Albert Johnson, my assistant. / （ようこそ、ジョンソンさん） / We are headquartered in London. / （ご用件は何でしょうか） / We import parts for our toys. / （どんなパーツですか） / We import springs, small motors, coils, small screws and wires. / （どんなオモチャですか） / This is our toy catalog. A lot of children in Europe like our toys very much. Our toys move. This is our sample dog toy. It moves like a real dog. ...Do you like it? / （はい、おもしろいです） / You make good parts. We want to buy a lot of parts from your company. Do you have your catalog? //

vocabulary notes

assistant　部下
be headquartered in ...　本社は…にある　　**import**　輸入する
spring　ばね　　**coil**　コイル　　**screw**　ねじ
wire　電線　　**move**　動く　　**sample**　見本の

Exercise 19
英日通訳
Track 28

(注) // はピーという終了音

状況：挨拶

フィリピンのボランティアのスポーツ指導員、マリア・コルソンさんが研修のために来日し、日本の同種の団体の役員会で挨拶をしています。

Good afternoon. My name is Maria Colson. I come from Manila. I am a member of the Citizens' Sport Association of Manila. I am a volunteer sports instructor there. I want to learn how to teach our members. I am very much interested in judo. So I also want to practice judo. Another sport I want to learn is kendo. Please teach me kendo and judo. I will go to Niigata tomorrow and visit the Niigata Judo Club. Mr. Tosaki there will give me lessons. I will stay with Tosaki-san's family. I will stay in Japan for six weeks. I want to learn a lot about Japan. //

vocabulary notes

Citizens' Sport Association of Manila　マニラ市民スポーツ協会（架空の団体）
volunteer sports instructor　ボランティアのスポーツ指導員
practice　練習する　　**another**　もう1つの

Exercise 20
英日通訳
Track 29

（注）／　はピッピッという区切り音
　　　／／　はピーという終了音

状況：案内

ノルウエーに観光にやって来た各国のグループが現地のガイドとともに観光、買い物に出かけました。（レベルIの方は英日のみの片側通訳。レベルIIの方は、できれば英日・日英の両側通訳。レベルIIIの方は英日・日英の両側通訳。）

OK, everybody, please listen to me. I am your guide today. I am Hans Nielsen. We will be sightseeing and shopping all day today. Do you have your cameras? / （全員：ハーイ） / What about video cameras? / （数人：ハーイ） / Do you have spending money? / （全員：ハーイ） / Do you have your credit cards? / （全員：ハーイ） / Do you have a map of Oslo? / （全員：ハーイ） / OK, Let's go. / （ある人：どこへ行くんですか） / First, we will go to Det Kongelige Slotte. / （数人：それは何ですか） / It is the king's palace. / （ある人：王様は今そこに住んでいますか） / Yes, he does. It is a big palace. / （ある人：次はどこに行きますか） / We will visit Hollmenkollen. / （ある人：それは何ですか） / It is a hill. You can see the entire city of Oslo from there. We will have lunch there. / （午後は何をしますか） / We will go shopping. //

vocabulary notes

spending money　こづかい　　**king's palace**　王宮
entire　全体の

Exercise 21
英日通訳
Track 30

（注）／　はピッピッという区切り音
　　　／／　はピーという終了音

状況：案内

ニューヨークを訪れている日本人観光客の買い物のために、現地の大学生がボランティア・ガイドとなりました。現地に留学している日本人学生がそのボランティア通訳を務めています。（レベルIの方は英日のみの片側通訳。レベルIIの方は、できれば英日・日英の両側通訳。レベルIIIの方は英日・日英の両側通訳。）

Good afternoon, Yamagata-san. I am Jim Gates. I am a college student. I will help you shop in New York today. / （ありがとう） / What do you want to buy? / （靴とドレスです） / OK, let's go to a department store. How about Macy's? / （オーケー） / Let's take a taxi. Come with me. Taxi, take us to Marcy's, please? This is Macy's. Let's get out. / （ずいぶん大きいですね） / Yes, it is. Let's go to the shoe section. / …（この靴すてきだわ） / Try them on. They look nice. / （これ買うわ） / Now let's go to the dress section. …Here we are. / （これ、すてき） / There is a fitting room over there. Why don't you try it on? / （ほかのを見てみるわ） / Sure, take your time. How about this? //

vocabulary notes

department store　デパート
Macy's　メーシーズ（米国のデパート）
try ... on　…をはいてみる
take　ここではbuy（買う）と同じ。I will buy this.とも言える
fitting room　試着室　　**take your time**　ゆっくりどうぞ

Exercise 22
英日通訳

Track 31

(注) // はピーという終了音

状況：スピーチ

アメリカからの交換学生が日本の中学校で学生と保護者に英語でスピーチをしています。

Good afternoon, my fellow students and parents. Today I would like to talk about my country and its people. As you know, I come from New York. When I say I come from New York, most Japanese think I come from Manhattan. Manhattan is in New York City. But Manhattan, New York City and the state of New York are all different. I live in the state of New York. My city is White Plains. It's about 20 miles north of Manhattan. Manhattan is an island. It has Central Park, the Empire State Building and Broadway. Seven and a half million people live in New York City. //

vocabulary notes

fellow students 仲間の学生
Manhattan マンハッタン。ニューヨーク中心部にある島
New York City ニューヨーク市
state of New York ニューヨーク州

Exercise 23
英日通訳
Track 32

(注) // はピーという終了音

状況：スピーチ

小学校のＰＴＡの総会で韓国の英語教師が英語に関してスピーチをしています。

My name is Ann Kee Sang. I come from Korea. Why am I talking in English? Because I cannot speak Japanese. Why not in Korean? Because only a few Japanese can understand Korean. More Japanese can understand English. So I will speak in English. Mr. Kobayashi is my volunteer interpreter today. I teach English in a primary school in Korea. Today I will talk about English education. In Japan, from the year 2002, English will be taught in all public primary schools. In my country, we started teaching English in primary schools in 1997. English is taught to primary school children in India, Singapore, the Philippines, Thailand, Vietnam, Indonesia, China, Brunei and Korea. //

vocabulary notes

interpreter 通訳　　**primary school** 小学校
public 公立の

Exercise 24
英日通訳

🎧 Track 33

（注） / はピッピッという区切り音
／／ はピーという終了音

状況：パーティー

オーストラリアの盲導犬訓練の指導者来日し盲導犬育成協会の研修に講師として参加しています。最終日の親睦会で日本の会員と会話を交わしています。（レベルⅠの方は英日のみの片側通訳。レベルⅡの方は、できれば英日・日英の両側通訳。レベルⅢの方は英日・日英の両側通訳。）

（ジョンソンさん、あなたの授業はとてもためになりました） / Thank you. Please call me Jimmy. / （ジミーさん、盲導犬の訓練にはどのくらいかかりますか） / We train our dogs for 10 months. / （何が一番大切ですか） / We must treat dogs like people. Fundamentally, dogs think like we do. Dogs basically listen to and understand what we say to them. We can understand what dogs want to tell us if we listen to them carefully. Dogs can communicate with us through their body language too. In other words, we should not treat them like animals. They are our friends. They are our family members. / （私もそう思います） / Are there many dog training facilities in Japan? / （あまりありません） / I want to train as many seeing-eye dogs as possible. //

vocabulary notes

treat 扱う　　**fundamentally** 本質的に
basically 根本的に　　**carefully** 注意して
communicate コミュニケーションをとる
through ... …を通して　　**in other words** 言い換えれば
facilities 施設　　**the blind** 視力障害者
seeing-eye dog 盲導犬

Exercise 25
英日通訳
Track 34

（注）／ はピッピッという区切り音
　　 ／／ はピーという終了音

状況：商談

アメリカのメーカーの営業部長が来日し、今日は東京のある会社を訪れています。（レベルⅠの方は英日のみの片側通訳。レベルⅡの方は、できれば英日・日英の両側通訳。レベルⅢの方は英日・日英の両側通訳。）

How do you do, Mr. Yamato? I arrived in Japan yesterday. / （はじめまして、アンダーソンさん。時差ボケはないですか） / No, I feel fine. Thank you for your letter. I want to discuss the matter with you. / （コーヒーにしますか。紅茶ですか） / Coffee, please. Thank you. / （クリームとお砂糖は） / Black, please. This is our brochure and catalog. / （ありがとうございます） / Do you import any machines like ours? / （いいえ、していません） / Our electric drills are sold worldwide. We have agents in 24 countries. / （日本には代理店がありますか） / No. That is why we would like to talk with you. How many outlets do you have in Japan? / （33店です） / That's good. This is our latest model, TM 200. / （いいですね） / We produce 5,000 pieces a month. We will double our production in August. //

vocabulary notes

discuss 話し合う　　**matter** 用件
brochure パンフレット　　**import** 輸入する
electric drill 電気ドリル　　**worldwide** 世界中
agent 代理店　　**outlet** 販売店　　**latest** 最新の
produce 生産する　　**piece** 個　　**double** 2倍にする

112

Exercise 26
日英通訳
Track 35

(注) ▽ はピッという合図音
／ はピッピッという区切り音
／／ はピーという終了音

状況：挨拶

簡単な自己紹介をしています。

こんにちは。▽ 私の名前は田中圭子です。▽ 私は東京から来ました。▽ 私は15歳です。／ 高校生です。▽ 私には男の兄弟が2人います。▽ 太郎と次郎といいます。／ 太郎は私の兄です。▽ 彼は20歳です。▽ 大学で経済学を学んでいます。／ 次郎は私の弟です。▽ 彼はまだ10歳です。▽ 小学校の4年生です。▽ 私たちはみんなテニスがとても好きです。／ 私たちは時々一緒にテニスをします。▽ 私は水泳も好きです。▽ 私たちの家の近くに小さな湖があります。▽ 私は時々そこで泳ぎます。／ 太郎と次郎は釣りが好きです。▽ 私の父は小さなボートを持っています。▽ 彼らは時々一緒に湖に釣りに行きます。／／

vocabulary notes

経済学　economics

Exercise 27
日英通訳
Track 36

(注) ▽ はピッという合図音
／ はピッピッという区切り音
／／ はピーという終了音

状況：挨拶

自分の家や家族について紹介しています。

私の家の前には2本の大きな木があります。▽ 桜の木です。／ 春には白い花が咲きとてもきれいです。▽ そして夏になると甘いサクランボを食べることができます。／ 私たちの家は小さいですが、とてもかわいい家です。▽ 白い家で、屋根は赤です。／ 庭にはたくさんの花が咲きます。▽ 赤いバラや青い忘れな草や白いひな菊が咲きます。▽ とてもきれいです。／ 家族は5人です。▽ 父、母、祖母、妹、そして私です。／ 父はサラリーマンです。▽ 母は料理がとても上手です。▽ 祖母は庭いじりがとても好きです。／／

vocabulary notes

…の前に　in front of ...　　かわいい　cute
屋根　roof　　忘れな草　forget-me-not　　ひな菊　daisy
サラリーマン　office worker　　庭いじり　gardening

Exercise 28
日英通訳
Track 37

（注）▽ はピッという合図音
　　　/ はピッピッという区切り音
　　　// はピーという終了音

状況：挨拶

カナダの日本語学校に赴任した日本人の日本語教師が現地の教員一同に挨拶をしています。

みなさん、はじめまして。▽ 高木洋子と申します。▽ 日本から来ました。▽ 日本では「よっこ」と呼ばれていました。/ 1966年に山形で生まれました。▽ 山形は日本の東北にあります。▽ 冬はとても寒いところです。/ 雪がたくさん降ります。▽ ここよりも寒いです。▽ 冬はスキーができます。▽ スキーヤーがたくさん来ます。/ 私は3週間前にカナダに来ました。▽ この町には先週の日曜日に着きました。/ 私の趣味は料理です。▽ 日本料理が得意です。▽ 私のアパートに来てください。▽ 日本料理の作り方を教えます。▽ 一緒に食べましょう。//

vocabulary notes

日本の東北　northeastern part of Japan
…にある　be located in...
日本料理　Japanese food=Japanese dish(es)

Exercise 29
日英通訳
Track 38

(注) ▽ はピッという合図音
　　 / はピッピッという区切り音
　　 // はピーという終了音

状況：案内

アメリカの自動車関係のグループが日本で開かれた会議の合間に日本の観光をしています。観光バスの中で鎌倉のボランティアのガイドが鎌倉の案内をしています。

デトロイトからのみなさま、おはようございます。▽ 私は今日のガイドです。▽ 名前は竹内江里子と申します。/ すみません、私は英語ができません。▽ こちらの東郷和子さんは英語がとても上手です。▽ 東郷さんが英語で話します。▽ 東郷さんよろしくお願いします。/ みなさま昨夜のすき焼きはいかがでしたか。▽ 「山広」はおいしいすき焼きで有名です。/ さて、それでは鎌倉へ出発します。▽ 鎌倉まで約2時間です。▽ 途中で横浜の公園に寄ります。▽ そこで15分の休憩をとります。▽ 鎌倉には12時30分ごろ着きます。/ 鎌倉では八幡神社に行きます。▽ そこで40分の自由時間をとります。▽ 大仏も見に行きます。▽ そこでは50分の自由時間があります。/ バスは午後4時に出発します。▽ 江の島に寄ります。▽ 東京のホテルには午後6時に帰ってきます。//

vocabulary notes

…で有名です　be famous for...
途中で　on the way
15分の休憩　a 15-minute break
八幡神社　Hachiman Shrine　　　大仏　The Great Buddha

Exercise 30
日英通訳
Track 39

（注）▽　はピッという合図音
　　　/　はピッピッという区切り音
　　　//　はピーという終了音

状況：案内

大阪のホテルでヨーロッパ人のツアーグループに大阪のガイドが説明をしています。

みなさん大阪へようこそ。▽ 今日のスケジュールです。/ 10時にこのホテルを出発します。▽ バスで大阪城に行きます。▽ 30分くらいかかります。/ 大阪城は1583年に造られました。▽ 豊臣秀吉が造りました。▽ 今は公園になっています。/ 城から街がよく見えます。▽ カメラを忘れずに持って行きましょう。▽ ビデオも持って行きましょう。/ 次に道頓堀に行きます。▽ そこで昼食をとります。▽ しゃぶしゃぶです。/ しゃぶしゃぶを知っていますか。▽ おいしいですよ。▽ その後、道頓堀で買い物もします。//

vocabulary notes

大阪城　Osaka Castle
忘れずに…する　be sure to ...

Exercise 31
日英通訳

Track 40

(注) ▽ はピッという合図音
／ はピッピッという区切り音
／／ はピーという終了音

状況：スピーチ

日本のボランティアの災害援助グループの幹部がある国で同種のグループを指導をしています。

みなさん、こんにちは。▽ 私は日本のボランティアです。▽ 私たちは被災者の援助をしています。／日本は地震が多い国です。▽ 台風も多いです。▽ われわれは災害が起きた際に、困っている人びとを助けます。▽ 応急手当てが一番大切です。／今日は応急手当ての訓練をします。▽ 応急手当てで必要なものは何でしょう。▽ この箱は私の救急箱です。▽ 何が入っているでしょうか。／では開けます。▽ これは何ですか。▽ 包帯ですね。▽ 長い包帯、短い包帯、太い包帯、細い包帯、全部必要です。／ではこれを巻いてみましょう。▽ 白い包帯を使います。▽ 腕の巻き方、足の巻き方、指の巻き方など、いろいろな方法があります。▽ みなさん、やってみてください。／ ……上手です。…… あなたも上手です。…… あなたは違います。…… それでいいです。／／

vocabulary notes

被災者の援助をする　help victims of natural disasters
地震　earthquake　　台風　typhoon
応急手当て　first-aid
包帯　bandage

Exercise 32
日英通訳
Track 41

(注) ▽ はピッという合図音
／ はピッピッという区切り音
／／ はピーという終了音

状況：スピーチ

日本人のキャンプ・リーダーが国際学生キャンプでスピーチをしています。

みなさん、こんにちは。▽ 今日は20世紀の発明についてお話をしましょう。／ 20世紀にはいろいろなものが発明されました。▽ しかし最大の発明は何でしょうか。／ 飛行機ですか？ ▽ 自動車ですか？ ▽ それともスペースシャトルでしょうか？ ▽ そう、いろいろありますね。▽ 私はコンピューターが最大の発明だと思います。／ 今では、だれでもコンピューターがどのようなものか知っています。▽ 小さな子どもでも知っていますね。▽ 小学校でも教えています。▽ あなたはコンピューターを使えますか。／ コンピューターはいろいろなことができます。▽ どんなことでしょう。▽ そうですね、手紙が書けます。▽ 手紙を送れます。▽ 手紙を受け取れます。▽ 手紙を印刷できます。▽ 手紙をファイルできます。／ 買い物だってできます。▽ ゲームもできます。▽ すぐにもっとたくさんのことができるようになるでしょう。／／

vocabulary notes

発明　invention　　20世紀　the 20th century
スペースシャトル　Space Shuttle
小学校　grade school

Exercise 33
日英通訳
Track 42

(注) ▽ はピッという合図音
　　 / はピッピッという区切り音
　　 // はピーという終了音

状況：パーティー

シンガポールで日本語教師をしている日本人が、地元のボランティア団体が開催するチャリティー・ショウの前夜祭のパーティに招待されました。（レベルⅠの方は日英のみの片側通訳。レベルⅡの方は、できれば日英・英日の両側通訳。レベルⅢの方は日英・英日の両側通訳。カッコ内は相手の発言。）

私は日本語教師の熊谷厚子です。▽ 私の名刺です。▽ （相手の名刺をもらって）ジョン・キューノさんですか。▽ アメリカの方ですか。/ (Yes, I teach at the University of Michigan.) / そうですか。▽ ミシガン大学の方ですか。こちらは長いのですか。/ (It's been three months.) / 私もこちらに来て3か月です。▽ 私はシンガポール大学で日本語を教えています。▽ 日本にいらっしゃったことはありますか。/ (Yes, I was there two years ago.) / 日本はお好きですか。/ (Yes, very much. I'll go again next year.) / 私も来年は日本に帰ります。▽ また日本でお会いできるといいですね。/ (Yes, I hope so too.) / 何か食べましょう。/ (Yes, shall we?) / これは何ですか。/ (It's fish.) / ……おいしいです。/ (Would you like to try some fruit, too?) / ……これもおいしいですね。▽ ではまたいつかお会いしましょう。▽ 今日はお話しできて楽しかったです。//

vocabulary notes

名刺　business card　　　日本語　Japanese language

Exercise 34
日英通訳
Track 43

(注) ▽ はピッという合図音
／ はピッピッという区切り音
／／ はピーという終了音

状況：パーティー

日本の福祉関係のボランティアがフィリピンの同種のグループの指導者に招待され、研修会に出席しています。夕食の席でグループの幹部と会話を交わしています。（レベルⅠの方は日英のみの片側通訳。レベルⅡの方は、できれば日英・英日の両側通訳。レベルⅢの方は日英・英日の両側通訳。）

マリアさん、すばらしいグループですね。▽ 私はみなさんがとても好きです。▽ 今日はとてもうれしいです。／ (Thank you.) ／ メンバーは何名くらいいらっしゃるのですか。／ (We have 300 members in our organization here.) ／ たくさんいらっしゃいますね。▽ 研修会はよくするのですか。／ (Three times a year.) ／ 日本では年２回行っています。▽ みなさんよく勉強しますね。▽ マリアさん、あなたのスピーチはとても良かったですよ。／ あなたはスピーチがとても上手ですね。▽ 勉強になりました。▽ 午後は私のスピーチです。▽ 日本の私たちのグループについて話します。▽ 私たちの団体のメンバーは約400人です。▽ みなとても熱心です。／ ところで、このお料理は何ですか。▽ おいしいですね。／ (It's fish.) ／ 日本にいらっしゃったことはありますか。／ (Yes, only once.) ／ いつですか。／ (Three years ago.) ／ どこに行かれましたか。／ (I went to Hiroshima.) ／ 今度はいついらっしゃいますか。／ (I hope I can go again next year.) ／ ぜひ東京に来てください。／／

vocabulary notes

研修会　seminar　　団体　organization

Exercise 35
日英通訳
Track 44

（注）▽ はピッという合図音
　　／ はピッピッという区切り音
　　／／ はピーという終了音

状況：商談

日本人ビジネスマンが英国の玩具メーカーで商談をしています。（レベルIの方は日英のみの片側通訳。レベルIIの方は、できれば日英・英日の両側通訳。レベルIIIの方は日英・英日の両側通訳。）

おはようございます。▽ 私は加納剛です。▽ 山中玩具の者です。▽ 東京から来ました。／ 私の名刺です。▽ どうぞよろしく。▽ お名刺をいただけますか。／（Here it is.）／ ロバート・アンダーソンさんですね。▽ どうぞよろしく。／（How can I help you?）／ 日本人はハロー人形が大好きです。▽ ハロー人形をいただきたいのです。／（How many?）／ 2,000個欲しいのです。▽ 1個いくらですか。／（Twelve dollars a piece.）／ どのくらいディスカウントしてくれますか。／（We can give you a 20 percent discount.）／ 30％にしてくれませんか。／（OK, we'll give you 25 percent.）／ では25％で結構です。▽ 代金はここにあります。▽ それからビリー人形もありますか。／（Yes, we do.）／ 1,000個ありますか。／（Yes, we do.）／ 来月はビリー人形をお願いします。／／

vocabulary notes

山中玩具　Yamanaka Toy Company
ハロー人形　Hello Doll
…個　... unit, piece
代金　cash

Exercise 36
日英通訳
Track 45

(注) / はピッピッという区切り音
　　 // はピーという終了音

状況：挨拶

沖縄サミットの取材のため来日した報道関係者に対して、現地のボランティア協会の責任者が挨拶をしています。

報道関係のみなさま、こんにちは。私は日本ボランティア協会の沖縄支部長です。東山正樹と申します。このサミットの間、ボランティアの人たちがみなさまのお世話をします。/ われわれは3つのグループに分かれています。グループAは赤いリボンを付けています。このグループは受付係です。彼らのところで名札をもらってください。/ グループBは宿泊係です。黄色のリボンを付けています。みなさんの部屋をご案内します。/ グループCは食堂係です。緑のリボンを付けています。朝、昼、晩の食事は食堂で用意します。/ 私の事務所はAの5です。どうぞそこで電話、パソコン、ファックスをお使いください。//

vocabulary notes

報道関係　news reporters　　支部長　branch coordinator
サミット　the Summit　　受付係　receptionist
名札　name tags　　宿泊係　in charge of accommodations
食堂係　in charge of restaurants

Exercise 37
日英通訳
Track 46

（注）／はピッピッという区切り音
　　　//はピーという終了音

状況：挨拶

日本人の日本語教師が日本に研修に来た国際グループに挨拶をしています。

みなさんこんにちは。研修ご苦労さまです。私の担当は日本語教育です。/ みなさんは、日本語が難しいと思っていらっしゃるのではないでしょうか。大丈夫です。簡単な日常会話を教えます。挨拶や道を聞くことです。初歩の日本語会話は難しくありません。/ 私のレッスンは合計10回あります。毎週火曜日の3時から5時までです。これからテキストを配りますから、名前を書いてください。/ テキストは全部で20ページあります。英語、スペイン語、中国語で説明してあります。今日は1ページから3ページまで勉強します。/ メモをとってください。そしてどんどん質問をしてください。それから大きな声で話してください。小さな声では聞こえません。//

vocabulary notes

研修　training
…ご苦労さまです（意訳）I know you are working hard at ...
…の担当である　in charge of ...
（日本語の）日常会話　conversational Japanese
挨拶　greeting
説明してある（書かれている）be written
大きな声で話す　speak loudly

Exercise 38
日英通訳
Track 47

(注) / はピッピッという区切り音
　　 // はピーという終了音

状況：案内

日本人のボランティア・ガイドが、国際会議に参加した各国の代表をバスに乗せて札幌の案内に出発するところです。

みなさま、おはようございます。今日は会議はないので、一日楽しんでください。/ このバスは札幌観光バスです。私はボランテイア・ガイドの田中圭子です。よろしくお願いします。札幌のことはすみからすみまで知っています。どんどん質問をしてください。/ みなさん札幌は初めてですか。札幌は寒いですか。みなさんカメラを持っていますか。天気が最高ですから、きっといい写真がとれますよ。/ 札幌は北海道の道庁所在地です。札幌の人口は約180万人です。サッポロラーメンが有名です。/ ではこれからこのバスで札幌市内をご案内します。お昼は札幌で一番おいしいご馳走を食べます。//

vocabulary notes

会議　conference　　楽しむ　enjoy
札幌観光バス（会社）Sapporo Sightseeing Bus Company
ボランティア・ガイド　volunteer guide
(…の) すみからすみまで　every corner of ...
…が最高　the loveliest ...
道庁所在地　the capital of Hokkaido　　人口　population
ご馳走　dish

Exercise 39
日英通訳
Track 48

（注）／　はピッピッという区切り音
　　　／／　はピーという終了音

状況：スピーチ

日本人が外国人のグループに日本語でスピーチをしています。

みなさん、私は現代のアラジンのランプを持っています。どこにあるのでしょうか。ここです。この鞄の中です。／このコンピュータです。これが現代のアラジンのランプなのです。これでいろいろなものを手に入れることができます。／みなさんはインターネットを利用していますか。それでいろいろなことができます。まずカタログやパンフレットを手に入れることができます。気に入ったものを買うことができます。注文をしたり、代金を送ったりすることができます。コンサートの切符も買えます。／手紙はどうでしょう。切手を使わなくてもメールを出すことができます。また日曜日でもメールを受け取ることができます。夜中でも大丈夫です。／／

vocabulary notes

現代の　modern　　アラジンのランプ　Aladdin's lamp
インターネット　Internet　　パンフレット　pamphlet
注文する　place an order　　代金　money
夜中　midnight

Exercise 40
日英通訳

Track 49

（注）／ はピッピッという区切り音
　　　// はピーという終了音

状況：スピーチ

日本人ボランティア活動家がニュージーランドの日本語ボランティア・グループのミーティングでスピーチをしています。

みなさんこんにちは。日本から来た矢野節子です。私はボランティアとしてよく海外に行きます。でも私は英会話が得意ではありません。この日本語学校では日本語会話を教えています。／ 日本の学校は英語の読み書きを教えますが、英会話は教えていません。ですから私のように英語が話せない日本人が多いのです。／ 今日はみなさんにお願いがあります。日本に来て英会話を教えてください。／ 日本にもたくさんのボランティア・グループがあります。多くの人が英会話を学びたいと思っています。みなさんはもう日本語が少しできます。とてもいい先生になると思います。//

vocabulary notes

ボランティア　volunteer　　海外へ（＝外国へ）overseas
よく…に行く　often go ...
日本語学校　Japanese language school
読み書き　reading and writing　　お願い　request
英会話　spoken English

Exercise 41
日英通訳

Track 50

（注）／ はピッピッという区切り音
　　　// はピーという終了音

状況：パーティー

ネパールで日本語の教師をしている日本人がPTA主催のパーティーに出席しています。（レベルⅠの方は日英のみの片側通訳。レベルⅡの方は、できれば日英・英日の両側通訳。レベルⅢの方は日英・英日の両側通訳。）

(Are you a teacher?) / はい。/ (What do you teach?) / 日本語を教えています。/ (Are you Japanese?) / そうです。私は日本から来ました。/ (How long have you been teaching here?) / １年です。あと１年います。ネパールはいい国です。大好きです。/ (Is Japanese difficult?) / 会話はやさしいです。でも新聞を読むのは難しいです。漢字が難しいのです。/ (I'm coming to Japan this year.) / 観光ですか。/ (Yes.) / それはいいですね。いつですか。/ (October.) / 一番いい季節ですよ。/ (Where do you recommend me to go?) / 日光、京都、鎌倉ですね。日本は古い国です。古い歴史がそれらの都市に残っています。それに紅葉がきれいですよ。/ (Thank you. By the way, do you play sports?) / はい、乗馬を習っています。馬はかわいいですね。馬と仲良しになりました。スーザンという名前の馬です。/ (Let's have some food.) / そうしましょう。これはおいしそうですね。/ (It's lamb steak.) / とてもおいしいです。//

---

vocabulary notes

漢字　Chinese characters　　観光　sightseeing
紅葉　autumn leaves　　　　乗馬　horseback riding

Exercise 42
日英通訳
Track 51

（注） / はピッピッという区切り音
　　 // はピーという終了音

状況：商談

日本のメーカーの社長がバンコクで部品の買い付け交渉をしています。（レベルⅠの方は日英のみの片側通訳。レベルⅡの方は、できれば日英・英日の両側通訳。レベルⅢの方は日英・英日の両側通訳。）

はじめまして。安部工業社長の安部武男です。/ (I am Putat Song Ming. I am the president.) / ああ、プター・ソン・ミンさんですか。社長さんですね。どうぞよろしく。/ (How do you do?) / 私の会社は時計を作っています。こちらの会社の部品A-11が欲しいのです。/ (How many do you want?) / 1,000個いただきたいのです。1,000個ありますか。/ (We only have 800 right now.) / あとの200個はいつできますか。/ (In three weeks.) / わかりました、待ちましょう。どのくらい値引きしていただけますか。/ (Fifteen percent.) / 25%にしていただけませんか。/ (We can't do that.) / では20%はどうですか。/ (OK.) / ありがとうございます。ところで、部品B-8はありますか。300個欲しいのです。/ (No, we don't.) / では、それは結構です。//

vocabulary notes

安部工業　Abe Industry　　社長　president
あと　another　　値引き　discount
ところで　by the way　　…は結構です　go without ...

Exercise 43
日英通訳
🎧 Track 52

（注）／ はピッピッという区切り音
　　 ／／ はピーという終了音

状況：商談

日本の玩具会社の社長がパッケージの材料の調達のためにフィリピンに来ています。（レベルⅠの方は日英のみの片側通訳。レベルⅡの方は、できれば日英・英日の両側通訳。レベルⅢの方は日英・英日の両側通訳。）

私は丸山玩具社長の金子功と申します。私の名刺です。どうぞよろしく。／（How do you do?）／昨日、日本から参りました。／（What can we do for you?）／私の会社の玩具のパッケージにプラスチックの箱を使います。こちらの会社でそれを作ってもらえますか。これがサンプルです。／（Yes, we can.）／毎月5,000個欲しいのです。型は送ります。いくらでできますか。／（We don't know right now.）／では明日、値段を教えてください。電話で結構です。私はマーシャ・ホテルに泊まっています。これが電話番号です。1312号室です。／（OK.）／運賃も教えてください。船便で結構です。私は来月また来ます。その時にまた話し合いましょう。／／

vocabulary notes

パッケージ（する）　package　　プラスチック　plastic
型　mold　　値段　price
…に泊まっている　be staying at ...　　運賃　freight charge
船便で　by ship

Exercise 44
日英通訳
Track 53

（注）／ はピッピッという区切り音
　　　// はピーという終了音

> **状況：挨拶**
>
> 日本のボランティアのスポーツ指導員の佐田宏氏が研修のためドイツに来ていて、挨拶しています。

日本の川崎市から参りました佐田宏です。ドイツ語はできせん。英語もあまりできせん。ハンス・シュライダーさんが私の日本語を英語に通訳してくれています。シュライダーさん、よろしくお願いします。私は川崎のスイミング・クラブでボランティアの指導員をしています。学生の時は水泳の選手でした。200メートルの自由形です。来週、ハンブルグのシュミット・スイミング・クラブに行きます。そこで3週間、水泳指導の基礎を学びます。その後2週間、ボンで応急処置を学びます。その後、帰国します。ドイツのことをいろいろと勉強したいと思っています。よろしくご指導のほどお願いします。//

vocabulary notes

200メートル自由形の選手　free-style 200 swimmer
応急処置　first-aid treatment
よろしく…をご指導のほどお願いします　Please tell me ...

Exercise 45
日英通訳
Track 54

（注）／ はピッピッという区切り音
　　／／ はピーという終了音

状況：案内

東京観光のバスの乗客に10人ほどの外国人が交じっています。彼らのために通訳をします。（レベルIの方は日英のみの片側通訳。レベルIIの方は、できれば日英・英日の両側通訳。レベルIIIの方は日英・英日の両側通訳。）

これからこのバスは東京観光に出発します。私はガイドの伊藤智子です。どうぞよろしく。／（Nice to meet you too.）／ ここは東京駅で東京の中心です。みなさん、東京にはもう1つの中心があります。どこでしょうか。／（Shinjuku!）／ そうですね。新宿に副都心があります。みなさん、現在の東京の人口はご存知ですか。／（About 12 million.）／ そうですね。正解です。東京は昔、江戸と呼ばれていました。1878年に東京と名前が変わり、日本の中心になりました。それまではどこが日本の中心でしたか。外国人の方、どなたかわかりますか。／（No, I don't.）／ 京都が日本の中心でした。アメリカ人の方がいますのでお聞きしますが、アメリカの政治の中心はワシントンDC、ビジネスの中心はニューヨークですね。／（Yes, that's right.）／ 日本は政治もビジネスも東京が中心です。／／

vocabulary notes

東京の副都心　subcenter of Tokyo　　人口　population
昔　in older days　　外国人　foreigner
政治の中心　the center of government

Exercise 46
日英通訳
Track 55

(注) ／ はピッピッという区切り音
　　　／／ はピーという終了音

状況：案内

会議のために来日中のアメリカ人の買い物をある日本人が案内することになりました。学生のボランティア通訳が同行します。
（レベルⅠの方は日英のみの片側通訳。レベルⅡの方は、できれば日英・英日の両側通訳。レベルⅢの方は日英・英日の両側通訳。）

今日は買い物のお手伝いをします。私は杉本照子です。よろしく。／ (Nice to meet you, too.) ／ 何をお買いになりたいのですか。／ (Electric appliances.) ／ では秋葉原に行きましょう。／ (OK. Let's.) ／ 電車では時間がかかるのでタクシーで行きましょう。……ここが秋葉原です。／ (I want to buy a small computer.) ／ ではこの店に入りましょう。コンピューター売り場は3階のようです。ラップトップですか。デスクトップですか。ここで探してみましょう。NEC, ソニー、東芝、富士通がいいと思います。／ (I like this.) ／ 買いますか。値引きしてもらいましょう。……いくらにしてくれますか。15%の値引きでいいですか。／ (That's fine.) ／ では230,000円です。次は何ですか。／ (A calculator.) ／ 5階にあります。／／

vocabulary notes

コンピューター売り場　computer counter
ラップトップ　lap-top computer
デスクトップ　desk-top computer
値引き　discount

Exercise 47
日英通訳
Track 56

(注) // はピーという終了音

状況：スピーチ

日本から来た福祉関係のボランティアが日本について、イギリスのボランティア団体の会合でスピーチをしています。

ボランティアのみなさん、こんにちは。私は今日、日本についてお話します。今、日本ではバリアフリーが大きな話題となっています。駅、歩道、トイレ、学校等では、まだ完全にバリアフリーになっていません。そのため身体障害者は困っています。西欧の国ではバリアフリー化が進んでいるので、日本はそれらの国々を手本としなくてはいけません。日本では車椅子での行動はまだ非常に不便です。そのため身体障害者は十分な自由を得られていません。イギリスのみなさんにこの点についていろいろと教えてもらいたいのです。//

---

vocabulary notes

バリアフリー　barrier-free　　話題　topic
歩道　sidewalk　　完全に　completely
身体障害者　physically handicapped people
困っている　have trouble　　西欧の国々　Western European countries　　進んでいる　be advanced
…を手本とする　learn from ...　　車椅子　wheelchair
不便だ　be limited　　この点について　on this point

Exercise 48
日英通訳
Track 57

(注) // はピーという終了音

状況：スピーチ

日本人の日本語の教師がホーチミン市で開催されている国際教育ボランティア会議で日本の英語教育に関してスピーチをしています。

みなさん。西田のり子と申します。この国で日本語の教師をしています。しかし今日は英語の話をします。なぜなら英語は国際語として大切なことばだからです。日本人は英語を話すことが苦手です。私がいい例です。今日はミス・サンがボランティア通訳をしてくれます。アジアの多くの国では小学校から英語を教えています。インド、シンガポール、フィリピン、タイ、ベトナム、中国、ブルネイ、韓国がそうです。しかし日本では英語は中学から教えます。2002年から日本でも公立小学校で英語を教え始めます。//

vocabulary notes

国際語	international language	…として	as ...
大切な	important		
例	example	ボランティア通訳	volunteer interpreter

Exercise 49
日英通訳
Track 58

（注） / はピッピッという区切り音
// はピーという終了音

状況：パーティー

日本人の盲導犬訓練所の指導者がフィリピンのボランティアの盲導犬育成協会主催の研修会に講師として招かれ、その懇親会に出席をしています。（レベルⅠの方は日英のみの片側通訳。レベルⅡの方は、できれば日英・英日の両側通訳。レベルⅢの方は日英・英日の両側通訳。）

(Mr. Kato, we enjoyed your lecture.) / ありがとうございます。/ (How long is the history of seeing-eye dogs in Japan?) / 1967年に始まりました。/ (How many training organizations do you have?) / 8団体あります。/ (How many dogs can you train a year?) / 年100頭ほどです。/ (Is that enough?) / 視覚障害者は14,000人います。盲導犬の希望者は10,000人います。ですからこのままでは100年かかってしまいます。もっとボランティアの人に手伝ってもらいたいのです。/ (How can they help?) / 子イヌの基礎訓練です。基礎訓練が大切なのです。/ (How long does the training take?) / 6か月から10か月もかかります。それからわれわれが10か月間訓練します。障害者は4週間盲導犬の扱い方の訓練を受けます。ですから全部で2年位かかります。またホテルやレストランなどの理解がもっと必要です。//

vocabulary notes

団体　organization　視覚障害者　visually-handicapped people　盲導犬　seeing-eye dogs
このまま（の割合）では　at this rate　子イヌ　puppy
基礎訓練　basic training　扱い方　how to handle

Exercise 50
日英通訳
Track 59

（注）／ はピッピッという区切り音
　　／／ はピーという終了音

状況：商談

日本のメーカーの販売部長が販路拡大のため、シンガポールのある会社と商談をしています。留学中の日本人学生がボランティア通訳をします。（レベルⅠの方は日英のみの片側通訳。レベルⅡの方は、できれば日英・英日の両側通訳。レベルⅢの方は日英・英日の両側通訳。）

おはようございます。Tエレクトリックの社長の山口です。お手紙でいろいろとご相談しましたが、シンガポールでの販路を探しています。こちらでは日本の製品を扱っていらっしゃいますか。／（Yes, we do.）／ 電気ドリルは輸入されていますか。／（No, we don't.）／ シンガポールにいくつくらいの小売店を持っておられますか。／（32.）／ 全部御社の店ですか。／（Yes, they are.）／ 当社のカタログと価格表です。40%のマージンを差し上げます。／（We want 50 percent.）／ 45%ではどうですか。／（OK. How many pieces can you produce a month?）／ 月産2,000個です。8月からは月産4,000個になります。／（May I have a sample piece?）／ ああそうでした。これがサンプルです。どんどん使ってみてください。／／

vocabulary notes

販路　outlet　　扱う　handle　　電気ドリル　electric drill
輸入　import　　小売店　retail shop　　価格表　price table
…に〜%のマージンを差し上げる
offer ... a 〜 percent margin
どんどん（お好きなだけ）as much as you want

通訳例

Exercise 1　　　▶p.88

こんにちは。私の名前はメアリーです。カリフォルニアから来ました。15歳です。高校生です。兄弟は2人います。ジョンとテッドです。ジョンは兄です。20歳です。彼は大学で工業技術を勉強しています。テッドは弟です。10歳です。小学4年生です。私たちみんなテニスが大好きです。時々一緒にテニスをします。私は水泳も好きです。家の近くに小さい湖があります。わたしは時々そこで泳ぎます。ジョンとテッドは釣りが好きです。私の父は小さなボートを持っています。彼らは時々湖へ釣りに行きます。

Exercise 2　　　▶p.89

私の家の前には2本の大きな木があります。桜の木です。春には白い花できれいです。夏にはおいしいサクランボが食べられます。私の家は小さいけれど、かわいらしい家です。白い家で屋根は赤です。庭には花がたくさんあります。赤いばらや青い忘れな草や白いデイジーが咲いています。とてもきれいですよ。私の家族は5人です。父、母、祖母、妹と私です。父はサラリーマンです。母は料理が上手です。祖母は庭いじりが好きです。

Exercise 3　　　▶p.90

みなさん、こんにちは。私の名前はスーザン・ウッズです。スーと呼んでください。1968年にバンクーバーで生まれました。今でもバンクーバーに住んでいます。両親と2人の姉妹もバンクーバーに住んでいます。あっ、そうそう犬も2匹います。バンクーバーはいい都市です。スキーができます。ヨットも楽しめます。バンクーバーには日本人、中国人、韓国人がたくさんいます。私は日本に3週間前に来ました。成田に到着しました。その後、この前の日曜日に長野に来ました。私はそばと天ぷらが好きです。歌舞伎と狂言も好きです。私は料理が趣味です。カナダ料理が作れます。私のアパートに来てください。カナダ料理の作り方をお教えします。

通訳例

Exercise 4　▶p.91

みなさん、こんにちは。私はトム・ウィルソンです。今日のみなさんのガイドをします。日本語ができなくてすみません。みなさんのグループの伊東さんが手伝ってくれます。伊東さん、よろしくお願いします。日本語を一生懸命勉強するつもりです。では伊東さんの言うことを聞いてください。昨夜は楽しかったですか。中華街のディナーはいかがでしたか。おいしかったですか。横浜の中華街よりおいしかったですか。今日はナパに行きます。そこではワインができます。ワインはお好きですか。そこでは赤ワインと白ワインを作っています。ロゼ・ワインも作っていますよ。みなさんはどのワインが一番好きですか。そこでワインの試飲ができますよ。いいですか、出発しましょう。ゴールデン・ゲート・ブリッジを渡って行きます。

Exercise 5　▶p.92

デンマークにようこそ。さて、われわれの今日の予定です。これがデンマークの地図です。われわれはここにいます。ここがコペンハーゲンです。コペンハーゲンは首都です。デンマークではデンマーク語が話されてます。われわれはデンマーク人です。デンマークには約500万人の人がいます。今日の午後、チボリに行きます。チボリって何でしょうか。そう、チボリは遊園地です。ディズニーランドみたいなものですよ。遊園地は好きですか。チボリにはコンサート・ホールがあります。劇場もあります。メリーゴーランドもありますよ。ショーや催しをたくさんやっています。子どもはチボリが大好きです。みんなチボリが好きです。今日の午後はチボリを楽しみましょう。

Exercise 6　▶p.93

日本のボランティアのみなさん、おはようございます。今朝はとてもうれしいです。なぜならば、多くのボランティアのみなさんにお会いできたからです。私はドイツで応急手当てを教えています。ドイツには自動車がたくさんあります。日本にもたくさんの自動車があります。ドイツ人はスピードを出します。ですから自動車事故が多いのです。日本でも自動車事故はたくさん起こります。みなさんは自動車事故に

遭った人びとを助けたことがありますか。応急手当てはとても大切です。応急手当ては命を救います。今日は応急手当てのレッスンをします。ですから私の言うことをよく聞いてください。これが私の道具です。ケースの中に入っています。さあ、開けますよ。これらは包帯類です。長い包帯、短い包帯、太い包帯、細い包帯があります。

Exercise 7　▶p.94

20世紀最大の発明は何でしょう。飛行機でしょうか。日本の新幹線でしょうか。アメリカのスペースシャトルでしょうか。私はコンピューターだと思います。今日では、ほとんどの人がコンピューターを使えます。子どもでも使います。あなたは使わないのですか。もちろん使いますね。コンピューターはわれわれのためにいろんなことをしてくれます。コンピューターで何ができるでしょう。手紙を書くことができます。表や図が作れます。絵が描けます。絵に色が付けられます。印刷できます。メールを送れます。メールを受け取れます。メールをファイルできます。買い物だってできます。もっともっといろいろなことができます。

Exercise 8　▶p.95

大きなパーティーですね。何人いますか。(About 200 people.) ああ、そんなに大勢ですか。みなさん吉田市の方ですか。(Yes, they are.) これは何ですか。(This is yakitori.) ああ、これが焼鳥ですか。……おいしいですね。とってもおいしいです。これ好きです。これは何ですか。(This is sushi.) ああ、これが寿司ですか。……これもおいしいです。寿司をもう少しください。……ありがとうございます。寿司をもっとください。これは何の寿司ですか。(This is tuna.) それをいただけますか。……ありがとうございます。これは何の寿司ですか。(It is tako, octopus.) タコ！　わかりました、食べてみます。これもおいしいですね。竹本さんはロンドンに行かれたことがありますか。(Yes, I have.) 行かれたのですね。何をごらんになりましたか。(I went to Buckingham Palace.) それはいいですね。

通訳例

Exercise 9　▶p.96

山崎さん、今朝のあたなのスピーチは楽しかったです。とてもいいスピーチでした。とてもためになりました。(Thank you.) あなたのグループの人たちはとてもいい人たちですね、私は大好きですよ。メンバーは何人いらっしゃるのですか。(About 200.) 大きな組織ですね。すばらしい。(Thank you.) バンクーバーでは実習をたくさん行います。こちらでも実習をしますか。(Yes, we do. How many member do you have in your organization?)　バンクーバーには150人います。このようなセミナーは何回くらい開くのですか。(Two seminars a year. How about your group?) 年3回です。ここは大きな食堂ですね。それにこのランチはおいしいですね。食事はいつもここでとられるのですか。(Yes, we do.) これは何のお料理ですか。(It's tempura.) ……とてもおいしいですね。私の国に来られたことはありますか。(Yes, I have.) どこへ行かれたのですか。(To Tronto.) トロントは好きになられましたか。(Yes, I did.) それは結構ですね。

Exercise 10　▶p.97

おはようございます。私の名前はクック、エース社のケネス・クックです。ロンドンから来ました。はじめまして。私の名刺です。お名刺をいただけますか。(Here is my card.) 木村さん、ありがとうございます。ところでわれわれは御社の玩具を気に入っています。良い玩具を作っておられますね。(Thank you.) ヨーロッパでは御社の「バケモン」にとても人気があります。わが社では御社の「バケモン」A-11が欲しいのです。在庫がありますか。(How many?) 3,000個欲しいのです。1個いくらですか。(It's 1,500 yen.) いくら値引きしてもらえますか。(20 percent.) 30%にしていただけせんか。(We will make it 25 percent.) 25%で結構です。英語のカタログも500冊欲しいのですが。ありますか。

Exercise 11　▶p.98

日本からの仲間のボランティアのみなさん、こんにちは。私はジーン・ライツです。日本人のボランティアとの連絡担当す。どうかジーン、またはジェイと呼んでください。日本からシドニーまで来ていただいて大変ありがとうございます。みなさん全員を歓迎します。みな

さんに来ていただいてこちらは大助かりです。われわれは毎日大忙しなのです。オリンピック競技にはたくさんの仕事があります。選手がたくさん来ています。テレビやラジオ関係の人もたくさんいます。新聞記者も大勢います。それに膨大な数の観衆と旅行者も来ています。したがってシドニーはお客さまでいっぱいです。そのほとんどは外国人です。それでは手始めにここの施設の地図を覚えてください。

Exercise 12 ▶p.99

私の日本の友達のみなさん、こんにちは。私はスリランカの出身です。名前はジャラン・プトラです。コロンボからきました。どこにあるかわかりますか。セイロン島の南西部にあります。私は高校の教師でした。英語を教えていました。英語はとても大切です。私の生徒たちはとてもよく勉強しました。日本には6か月滞在します。みなさんに英語を教えます。みなさんは英語が好きですか。好きだといいのですが。みなさんとは週3回お会いします。月曜日、水曜日、金曜日です。私は横浜市の戸塚に住んでいます。この学校には毎日来ます。いつでも教員室にいる私に会いに来てください。

Exercise 13 ▶p.100

日本から来られたみなさん、こんにちは。おはようございます。タイにようこそ。そして、バンコクによくいらっしゃいました。みなさんはタイには初めてですか。タイについて少しお話をしましょう。ああ、失礼しました。私の名前はスー・ミャン・ルーです。今日のみなさんのガイドです。このバスの運転手はチャン・シン・リーさんです。バンコクは大きな都市です。約1,000万人がこの都市に住んでいます。タイの人口は約6,000万人です。バンコクとは「天使の街」という意味です。タイは仏教国です。バンコクには約400の寺院があります。バンコクはベニスに似ています。運河がたくさんあります。この運河をたくさんの船が行き来します。

Exercise 14 ▶p.101

現代のアラジンのランプが何であるか知っていますか。何だと思いま

すか。それは私の鞄に入っていますよ。ほら、ここにあります。そうです、このコンピューターです。コンピューターが現代のアラジンのランプなのです。コンピューターでわれわれはたくさんのことができます。インターネットを知っていますか。それを通してたくさんの情報が得られます。カタログを手に入れたり、買い物をすることができます。送金もできます。好きなショーのチケットも手に入ります。今アフリカに手紙を出そうとしているとしましょう。切手を貼らずに手紙を出すことができるのです。すごいことではありませんか。というようなわけで私のアラジンのランプはこのコンピューターだと申し上げているのです。

Exercise 15　▶p.102

学生のみなさん、こんにちは。今日は英語の話をします。学校の英語の授業は好きですか。好きだといいのですが。英語を話すのは上手ですか。英語が話せるといいですね。なぜでしょうか？　では、申し上げましょう。なぜなら英語は世界で一番重要な言語だからです。世界の教育を受けた人たちのほとんどは英語を少しは話せます。私がドイツに行ったときも、英語で話しました。スペインに行ったときも英語で話しました。ロシアでも英語を使いました。なぜなら私はロシア語が全然できないからです。というわけで、英語が話せると、大勢の人たちと話ができます。英語を勉強してみたいと思いませんか。

Exercise 16　▶p.103

(Are you a teacher?) はい、そうです。(What do you teach?) 英語を教えています。あなたも先生ですか。(No, I am a member of PTA. I am Watanabe,Tomoko Watanabe.) 私はトム・ブッシュです。(Are you an American?) いいえ、違います。(Where are you from?) ニュージーランドから来ました。(Do you like Japan?) はい、とても。今、柔道を習っています。(Judo?) はい、柔道が好きなのです。(Why judo?) いいスポーツだからですよ。何か食べましょう。これ好きなんです。おいしい寿司ですね。(How about this?) これも好きですよ。天ぷらはとてもおいしいですね。私はエビの天ぷらが好きです。ところで、ニュージーランドに行かれたことがありますか。(No, I haven't.) どうぞ私の国に来てください。いい国ですよ。自然がいっ

ぱいあります。(Do you have sheep there?) そうです、たくさんの羊がいます。いつかニュージーランドに来てください。

Exercise 17 ▶p.104

おはようございます。私はジョン・リーです。ニューヨークのアダムス商会の者です。わたしの名刺です。(This is my business card.) あなたが多田幹男さんですか。製造部長の方ですね。ありがとうございます。こちらは良い会社ですね。何人いらっしゃるのですか。(50 people.) いいですね。(So, what can we do for you?) こちらのモデル21を買いたいのですが、ありますか。(Yes, we do.) 現在は何個ありますか。(About 2,000 pieces.) 約2,000個ですね。わかりました。(Not enough?) 3,000個いただきたいのです。(We can make them quickly.) あと1,000個はいつできますか。(By the end of June.) 6月始めはどうですか。(We can't.) できませんか。いいです、待ちましょう。そちらの値引率はどうですか。(15 percent.) 25%にしてください。(No, it is impossible.) 20%はどうですか。(That's good.) では、ありがとうございます。

Exercise 18 ▶p.105

はじめまして。私の名前はマーチン・コーエンです。ＡアンドＢの製造部長です。これが私の名刺です。(Nice to know you, Mr. Cohen.) この人は私の部下のアルバート・ジョンソンです。(Nice to know you, Mr. Johnson.) 本社はロンドンにあります。(What can we do for you?) われわれは当社の玩具の部品を輸入しています。(What kind of parts?) ばね、小型モーター、コイル、小さなねじ、電線を輸入しています。(What kind of toys?) これが当社の玩具カタログです。ヨーロッパの子どもは当社の玩具が大好きです。われわれのオモチャは動きます。これがわれわれのイヌのオモチャの見本です。本当のイヌのような動きをします。……お気に入りましたか。(Yes, interesting.) こちらでは良い部品を作っておられますね。こちらの会社から部品をたくさん買いたいのです。カタログはありますか。

通訳例

Exercise 19　▶p.106

こんにちは。私の名前はマリア・コルソンです。マニラから来ました。マニラ市民スポーツ協会のメンバーです。そこでボランティアのスポーツ指導員をしています。そこのメンバーを指導する方法を研修したいのです。私は柔道に非常に関心があります。ですから、柔道も練習したいのです。もう1つ習いたいスポーツは剣道です。だから剣道と柔道を教えてください。明日新潟に行き新潟柔道クラブを訪ねます。そこの戸崎さんが私に稽古をつけてくれます。戸崎さんの家に滞在します。日本には6週間います。日本のことをたくさん勉強したいと思っています。

Exercise 20　▶p.107

ではみなさん、聞いてください。私がみなさんの今日のガイドです。ハンス・ニールセンといいます。今日1日観光と買い物に行きます。カメラをお持ちですか。(Yes!) ビデオ・カメラはどうですか。(Yes!) おこづかいはありますか。(Yes!) クレジット・カードは持っていますか。(Yes!) オスロの地図はありますか。(Yes!) では出発です。(Where are we going?) まずデ・コンゲリーグ・スロットに行きます。(What is that?) 王様の宮殿です。(Does the king live there now?) はい、住んでいます。大きな宮殿です。(What's next?) ホルメンコニレンに行きます。(What is it?) それは丘です。そこからオスロの街の全景が楽しめます。そこで昼食をとります。(What are we doing in the afternoon?) 買い物をします。

Exercise 21　▶p.108

こんにちは山県さん。私はジム・ゲイツです。大学生です。今日はニューヨークでのお買い物を手伝います。(Thanks you.) 何を買いたいのですか。(My shoes and dresses.) わかりました、デパートに行きましょう。メーシーズはどうですか。(OK.) タクシーで行きましょう。私について来てください。タクシー、メーシーズに連れていってください。……ここがメーシーズです。降りましょう。(This is very big.) そうですよ。靴売場に行きましょう。……(There are nice shoes.) 履いてみてください。いいですね。(I will take these.) それでは洋服

145

売場に行きましょう。……ここです。(This is nice.) あそこに試着室があります。着てみませんか。(I will look for another.) もちろん。ごゆっくりどうぞ。これはどうですか。

Exercise 22　▶p.109

学生のみなさん、ご父兄のみなさん、こんにちは。今日は私の故郷とその町の人々についてお話しましょう。ご承知のように私はニューヨーク出身です。私がニューヨーク出身と言いますと、たいていの日本人は私がマンハッタン出身だと思います。マンハッタンはニューヨーク市にあります。しかし、マンハッタンとニューヨーク市とニューヨーク州は違います。私はニューヨーク州に住んでいます。私の市はホワイトプレインズです。それはマンハッタンから北に20マイルほどの所にあります。マンハッタンは島です。そこにはセントラル・パーク、エンパイア・ステート・ビルやブロードウエーがあります。750万人がニューヨーク市に住んでいます。

Exercise 23　▶p.110

私の名前はアン・キー・サンです。韓国の出身です。私はどうして英語で話しているのでしょうか。なぜなら私は日本語ができないからです。なぜ韓国語ではないのでしょうか。なぜなら韓国語がわかる日本人はあまりいないからです。英語がわかる日本人のほうが多いからです。ですから英語で話しをします。小林さんが今日の私のボランティア通訳です。私は韓国の小学校で英語を教えています。今日、私は英語教育について話をします。2002年から日本ではすべての公立小学校で英語を教えます。私の国では1997年から小学校で英語を教え始めました。インド、シンガポール、フィリピン、タイ、ベトナム、インドネシア、中国、ブルネイ、韓国の小学校で英語を教えています。

Exercise 24　▶p.111

(Mr. Johnson, your course was very good.) ありがとうございます。どうぞジミーと呼んでください。(Jimmy, how long does it take to

通訳例

train a seeing-eye dog?）私たちのイヌは10か月間訓練をします。
(What is most important?）イヌを、人間を扱うのと同じように扱かわなければなりません。本質的にはイヌはわれわれが考えるように考えます。基本的にはイヌは、われわれがイヌに言うことを聞き、理解します。われわれが注意して聞けば、イヌがわれわれに何を言いたいのか理解できます。イヌはボディーランゲージでもわれわれとコミュニケーションができます。言い換えればイヌを動物として扱ってはならないのです。イヌはわれわれの友達です。家族の一員です。(I think so, too.）日本には盲導犬の訓練施設がたくさんありますか。(Not many.）私はできるだけたくさんの盲導犬を訓練したいと思っています。

Exercise 25　▶p.112

大和さん、はじめまして。昨日日本に着きました。(Nice to meet you, Mr. Anderson. No jet lag?）はい、大丈夫です。お手紙ありがとうございました。あなたと例の件について話し合いたいと思います。(Coffee or tea?）コーヒーをお願いします。ありがとうございます。(Cream and sugar?）ブラックでお願いします。当社のパンフレットとカタログです。(Thank you.）当社と同じような機械を輸入されていますか。(No, we don't.）当社の電気ドリルは世界中で販売されています。24か国に代理店があります。(Do you have an agent in Japan?）いいえ、ですから御社と話し合いをしたいのです。日本に販売店をいくつ持っていますか。(33 outlets.）それは結構ですね。これがわが社の最新モデルのTM200です。(Looks nice.）毎月5,000個生産しています。生産は8月には倍になります。

Exercise 26　▶p.113

Hello. My name is Keiko Tanaka. I am from Tokyo. I am 15 years old. I am a high school student. I have two brothers. They are Taro and Jiro. Taro is my big brother. He is 20 years old. He studies economics at his college. Jiro is my little brother. He is only 10 years old. He is in fourth grade. We all like tennis very much. We sometimes play tennis together. I like swimming too. There is a little lake near our house. Sometimes I swim there.

Taro and Jiro like fishing. My father has a little boat. They sometimes go fishing together.

Exercise 27   ▶p.114

There are two big trees in front of my house. They are cherry trees. In spring, they are very beautiful with white flowers. And we can eat sweet cherries in summer. Our house is small. But it is very cute. It is white, and the roof is red. There are many flowers in our garden. There are red roses, blue forget-me-nots and white daisies. They are very pretty. There are five people in my family. They are my father, my mother, my grandmother, my younger sister and myself. My father is an office worker. My mother cooks very well. My grandmother likes gardening very much.

Exercise 28   ▶p.115

Hello everyone, nice to meet you all. I am Yoko Takagi from Japan. They called me Yokko in Japan. I was born in Yamagata in 1966. Yamagata is located in the northeastern part of Japan. It is very cold in winter there. We have a lot of snow. It is colder than it is here. We can ski in winter. Many skiers go there. I came to Canada three weeks ago. I got to this town last Sunday. My hobby is cooking. I am good at cooking Japanese food. Please come to my apartment. I will show you how to cook some Japanese dishes. Let's enjoy them together.

Exercise 29   ▶p.116

Good morning, visitors from Detroit. I am your guide for today. My name is Eriko Takeuchi. I am sorry I cannot speak English. Ms. Kazuko Togo here can speak English very well. So Ms. Togo will speak in English. Togo-san, thank you for your help. Did you all enjoy your sukiyaki last night? Yamahiro is famous for its good

通訳例

sukiyaki. Well, now we will start for Kamakura. It will take two hours or so to get to Kamakura. On our way, we will be stopping at a park in Yokohama. In Yokohama we will have a 15-minute break. We will be in Kamakura at about 12:30. In Kamakura we will go to Hachiman Shrine. There you will have 40 minutes of free time. We will see the Great Buddha too. We will have 50 minutes there. Our bus will leave at 4 p.m. We will go to Enoshima on the way back. We will be back at our hotel in Tokyo at 6 p.m.

Exercise 30 ▶p.117

Welcome to Osaka, everyone. Here is today's schedule. We are leaving this hotel at 10 a.m. We will go to Osaka Castle by bus. It will take about 30 minutes. Osaka Castle was built in 1583. It was built by Toyotomi Hideyoshi. Now it is a park. You can enjoy a nice view of the town. Be sure you have your cameras. Take your video cameras too. After that, we will go to Dotonbori. We will have lunch there. We will have shabushabu. Do you know what shabushabu is? It is delicious. After that, we will go shopping in Dotonbori.

Exercise 31 ▶p.118

Hello, everyone. I am a Japanese volunteer. We help victims of natural disasters. We have many earthquakes in Japan. We have many typhoons too. When there is a disaster, we help people in trouble. First-aid is the most important. Today, we will have first-aid training. What is needed for first-aid? This box contains my first-aid kit. What do I have inside? Let's open it and see. What are these? These are bandages. Long ones, short ones, wide ones and narrow ones. We need all of them. Now let us try to put them on. Please use the white bandages. There is a way to wrap an arm, a leg, a finger and many other places. Everyone, please try. ...Nice job. ...Nice job here, too. ...Now that is wrong. ...Yes, that's good.

Exercise 32 ▶p.119

Hello, everyone. Today, let me talk about inventions of the 20th century. There have been many inventions in the 20th century. But what is the biggest invention? Is it the airplane? Is it the automobile? Or is it the Space Shuttle? Yes, there have been many inventions. I think the computer is the biggest invention. Today everyone knows what the computer is. Even children know. They have computer classes in grade schools. Can you use computers? Computers can do a lot of things. What can they do? Well, you can write letters. You can send mail. You can receive mail. You can print those mail. You can file mail. You can even shop? You can play games. Soon, you will be able to do many more things.

Exercise 33 ▶p.120

I am Atsuko Kumagai, a Japanese language teacher. This is my business card. (Accepting the business card) You are John Cuno? Are you American?（そうです、ミシガン大学で教えています）Is that so? You are from the University of Michigan. Have you been here long?（3か月です）I have been here for three months, too. I am teaching Japanese at Singapore University. Have you been to Japan?（はい、2年前に行きました）Do you like Japan?（はい、とても。来年また行きます）I am going back to Japan next year, too. I hope I will be able to see you again in Japan.（はい、私もそう思います）Let's have something to eat.（はい、そうしましょう）What is this?（魚です）...This is good.（フルーツも少しいかがですか）...This is good, too. Well, I hope to see you again someday. I enjoyed talking to you today.

Exercise 34 ▶p.121

Maria, you have a nice group. I like you all very much. I am very happy today.（ありがとうございます。）How many members do you have?（こちらの組織には約300人のメンバーがいます）Oh you have many members. Do you often have your seminars? （年3回です）In Japan we have two seminars a year. You study a lot. Maria, you made a very good speech. You are a good speaker, aren't you? I learned a lot. This afternoon, I will make my speech. I am going to talk about our group in Japan. Our organization has about 400 members. They are all hard working. By the way, what dish is this? It tastes good. （魚です）Have you been to Japan? （はい。1度だけですが）When was that? （3年前ですが）Where to? （広島に行きました）When are you coming to Japan next? （来年行きたいと思っています）Please come to Tokyo by all means.

Exercise 35   ▶p.122

Good morning, my name is Gou Kano. I am with Yamanaka Toy Company. I come from Tokyo. This is my business card. Pleased to meet you. May I have your card? （私の名刺です）Robert Anderson? How do you do? （ご用件は）We, Japanese, like Hello Dolls very much. We would like to buy your Hello Dolls. （何個ですか）We want 2,000 units. How much is a piece? （1つ12ドルです）Can you give us a discount? （値引きは20％です）Can you make it 30 percent? （それでは25％にしましょう）Then, 25 percent is OK. I have the cash here. And do you also have Billy Dolls? （はい、あります）Do you have 1,000 units? （あります）Please sell us Billy Dolls next month.

Exercise 36   ▶p.123

Hello, news reporters, I am the coordinator of the Okinawa branch of the Japan Volunteer Association. My name is Masaki Higashiyama. Our volunteers will take care of you during the Summit conference. We have three groups. Group A wears red ribbons. This group will help with signing in. Please get your name tags there. Group B is in charge of your accommodations. They wear yellow ribbons. They will direct you to your rooms

Group C is in charge of restaurants. They wear green ribbons. Your breakfasts, lunches and suppers are provided in the restaurants. My room number is A-5. You can use telephones, personal computers and fax machines in that office.

Exercise 37 ▶p.124

Good afternoon, everyone. I know you are working hard at your training. I am in charge of the Japanese language training. Do you think Japanese is difficult? Don't worry. I will teach you easy, conversational Japanese, such as how to exchange greetings or ask for directions. Japanese conversation for beginners is not difficult. You will have my lesson 10 times. Every Tuesday from 3 to 5 p.m. Now I will hand out the texts. Please put your name in it. There are 20 pages in all. They are written in English, Spanish and Chinese. Today, we will study pages I through 3. Please take notes. And I welcome your questions. And please speak loudly. I cannot hear you if you speak softly.

Exercise 38 ▶p.125

Good morning, everyone. You have no conference today, please enjoy your holiday. This bus belongs to the Sapporo Sightseeing Bus Company. I am Keiko Tanaka, your volunteer guide today. I know every corner of Sapporo. So please ask me any questions you have. Is this your first trip to Sapporo? Do you feel cold in Sapporo? Do you have your cameras with you? We have the loveliest weather today, so I am sure you will be able to take good pictures. Sapporo is the capital of Hokkaido. Sapporo's population is 1.8 million. Sapporo is known for Sapporo ramen. Now, this bus will take on a tour of Sapporo City. You will enjoy the best of Sapporo dishes at lunch.

Exercise 39 ▶p.126

Everybody, I have a modern Aladdin's lamp. Where is it? It is here, in my bag. It is this computer. This is a modern Aladdin's lamp. You can get many things with this. Do you use the Internet? With it you can do a lot of things. First, you can get catalogs and pamphlets. You can buy your favorite things. You can place an order and send money. You can buy a concert ticket. How about mail? You can send mail without stamps. And you can receive mail even on Sundays — even at midnight.

Exercise 40 ▶p.127

Good afternoon, everyone. I am from Japan. My name is Setsuko Yano. I often go overseas as a volunteer, but I am not good at English. I am teaching Japanese conversation at this Japanese language school. In Japanese schools, we teach reading and writing English. We don't teach English conversation. So there are many Japanese, like me, who cannot speak English. Today I have a request of you. Please come to Japan and teach English. There are many volunteer groups in Japan. Many people want to learn spoken English. You can already speak some Japanese. I think you will be good teachers.

Exercise 41 ▶p.128

（あなたは教師ですか）Yes, I am. （何を教えていますか）I am teaching Japanese. （日本人ですか）Yes, I am. I come from Japan. （どのくらいここで教えられているのですか）For one year. I will stay here for one more year. Nepal is a nice place. I like it very much. （日本語は難しいですか）Conversation is easy. But it is difficult to read newspapers. Chinese characters are difficult. （今年日本に行きます）For sightseeing? （はい）That's good. When? （10月です）That's the best season. （どこに行ったらいいでしょう）Nikko, Kyoto and Kamakura are good. Japan is an old country. You can still see the old history in those cities. And the autumn leaves are beautiful. (ありがとうございます。ところでスポーツをされますか) Yes, I am taking horseback riding lessons. Horses are lovely. I made a friend with a horse. She is Susan. (少し食べましょう) Good idea. This looks good. (羊のステーキです) This is very good.

Exercise 42
▶p.129

How do you do? I am Takeo Abe, president of Abe Industry. (私はプター・ソン・ミン、社長です) Oh, you are Mr. Putat Song Ming. You are the president. Nice to know you. (よろしく) We make watches. We want your company's Part A-11. (いくつ要りますか) We want 1,000 units. Do you have them? (今800個しかありません) When can you make another 200 units? (3週間後です) OK, we can wait. How much can you discount? (15%です) We want 25 percent. (できません) How about 20 percent. (結構です) Thank you. By the way, do you have Part B-8? We need 300 units. (いいえ、ありません) Then, we'll go without them.

Exercise 43
▶p.130

I am Isao Kaneko, president of Maruyama Toy Company. Here is my business card. How do you do? (はじめまして) I came here from Japan yesterday. (ご用件は何でしょうか) We use plastic boxes to package our toys. Can you make these boxes for us. This is a sample box. (はい、できます) We need 5,000 boxes every month. We will send you our molds. For how much can you make these boxes? (すぐにはわかりません) OK. Please tell us your price tomorrow. You can call me. I am staying at the Marsha Hotel. This is my phone number. I am in Room 1312. (わかりました) Please tell me the freight charge. By ship is fine. I will come back next month. Let's talk again at that time.

Exercise 44 ▶p.131

My name is Hiroshi Sada. I come from Kawasaki City in Japan. I cannot speak German. My English is not good, either. Mr. Hans Schlaider is interpreting my Japanese into English. Thank you, Mr. Schlaider. I am a volunteer instructor at a swimming club in Kawasaki. I was a swimmer when I was a student. I was a free-style 200-meter swimmer. Next week, I will visit the Schmidt Swimming Club in Hamburg. There I will study the basics of swimming instruction for three weeks. After that, I will go to Bonn and study first-aid treatment for two weeks. After that, I will go back to Japan. I want to learn many things about Germany. So please tell me what you can.

Exercise 45 ▶p.132

Now this bus is starting on a tour of Tokyo. I am Tomoko Ito, your guide. Nice to see you all.（よろしく）We are in front of Tokyo Station. This is the center of Tokyo. Everyone, there is another center of Tokyo. Do you know where it is?（新宿です!）Yes, that is correct. It is the subcenter of Tokyo. Folks, do you know the present population of Tokyo?（約1,200万人です）That's right. In older days, Tokyo was called Edo. It was renamed Tokyo in 1878 and became the center of Japan. Do you know where the center of Japan had been until then? Do any foreigners know?（いいえ、わかりま せん）Kyoto was the center of Japan. I see some Americans here. So let me ask Americans one question. In the States, the center of government is in Washington D.C. and the center of business is in New York, right?（そうです）In Japan, Tokyo is the center of government and business.

Exercise 46 ▶p.133

Today I will help you with your shopping. I am Teruko Sugimoto.

Nice to meet you. (こちらこそよろしく) What do you want to buy? (電気製品です) Then let's go to Akihabara. (いいですよ。行きましょう) It takes time to go there by train. So let's take a taxi. ...Here we are at Akihabara. (小型コンピュータが欲しいのです) OK, let's go into this store. The computer counter seems to be on the third floor. Do you want a lap-top computer? Or do you want a desk-top one? Let's look around here. NEC, Sony, Toshiba and Fujitsu make good ones. (これがいいです) You want to buy this one? Let's get it with a discount. ...How much of a discount can you give us? Is 15 percent OK? (いいです) Then it's 230,000 yen. What do you want next? (計算機です) It is on the fifth floor.

Exercise 47　　　　▶p.134

Hello, fellow volunteers. Today, I will talk about Japan. Now barrier-free living is a big topic in Japan. Stations, sidewalks, toilets and schools are not completely barrier-free yet. So physically handicapped people have trouble. Barrier-free thinking is advanced in Western European countries, and Japan must learn from them. In Japan people are still very limited in what they can do in a wheelchair. So the physically handicapped have not gotten a real sense of freedom. I want our fellows in England to give us a lot of advice on this point.

Exercise 48　　　　▶p.135

Everyone, my name is Noriko Nishida. I teach Japanese here. But today, I will talk about English, because English is important as an international language. The Japanese people are not good at speaking English. I am a good example. Today, Miss Sang is my volunteer interpreter. Many countries in Asia start teaching English in primary school. India, Singapore, the Philippines, Thailand, Vietnam, China, Brunei and Korea are such countries. But in Japan, we start teaching English in junior high school. In 2002 we will start teaching English in public primary schools in Japan.

Exercise 49　▶p.136

（加藤さん、あなたの講演良かったです）Thank you.（日本での盲導犬の歴史は古いですか）It started in 1967.（訓練所はいくつありますか）Eight organizations.（１年に何頭のイヌを訓練できますか）About 100 dogs a year.（足りますか）There are 14,000 visually-handicapped people. 10,000 people want seeing-eye dogs. So it will take 100 years at this rate. I want more volunteers to help us.（どうやって助けるのですか）By training puppies. This basic training is important.（その訓練はどのくらいかかりますか）Six to ten months. Then, there is ten months of our training. The handicapped spend four weeks in learning how to handle seeing-eye dogs. So it takes about two years altogether. We need more understanding from hotels and restaurants.

Exercise 50　▶p.137

Good morning. I am Yamaguchi, president of T. Electric. We have discussed many things by letter. We are looking for outlets in Singapore. Do you handle Japanese products?（はい、扱っています）Do you import electric drills?（いいえ、していません）How many retail shops in Singapore?（32です）Are they all your shops?（はい、そうです）These are our catalog and price table. We can offer you a 40 percent margin.（50％欲しいです）How about 45 percent?（結構です。月産何個ですか）Two thousands pieces a month. We will start producing 4,000 pieces a month in August（見本をいただけますか）Oh, yes, this is our sample. Please use it as much as you want.

Appendix

ボランティア通訳検定試験に挑戦してみよう

ボランティア通訳検定（V通検）とは

　近年、首都圏のみならず地方都市においても多数の外国人が居住する"共生社会"化が進み、語学力を活かして地域に貢献できる場が増えています。また国際会議やスポーツイベント等も各地で盛んに開催され、"ボランティア通訳"の活躍が脚光を浴びるようになってきました。長野オリンピックでも、選手村や競技会場のインフォメーションセンターなどで、面会の通訳、選手のアテンド、競技エリアでの通訳などを中心に、多数のボランティア通訳が活躍しました。

　このような社会的な要請に応え、国際交流に自分の通訳能力を役立たせたい人たちの能力の証明となるようにと、ボランティア通訳検定（A級、B級）が1996年4月に新設され、従来から行われている「通訳技能検定」1級、2級（通称"通検"）に加えて実施されています。

　試験の性格が異なるために単純に比較することはできませんが、A級は英検の準1級程度で、B級は英検2級と準2級の中間程度となっています。

　1996年春期の実施以来、2000年春までに延べ約13,000人が受験、このうち約4,900人が合格しています。

　受験者を職業別で見ると、大学・専門学校など学生と会社員が多く、続いて主婦、教師となっています。20代、30代が8割近くを占め、残りが10代および40代以上となっています。

　みなさんも、自分の現在の英語力を知るためにもぜひ挑戦してみてください。

　　試験の概要は右記の通りです

■試験の日程
試験は毎年2回、春と秋に全国各地の主要都市で実施されます。
春期：1次試験　6月中旬　（日曜日）
　　　2次試験　7月上旬　（日曜日）
秋期：1次試験　11月上旬（日曜日）
　　　2次試験　12月中旬（日曜日）
（V通検B級は1次試験のみ行います。）

■試験実施語学
英語／日本語

■受験資格
性別、年齢、学歴、国籍を問いません。

■受験料
V通検A級：5,500円
V通検B級：3,500円

■受験地
札幌、仙台、つくば、東京、横浜、金沢、名古屋、大阪、岡山、広島、福岡、熊本、那覇の各都市

■その他
詳細は日本通訳協会までお問い合わせください。
日本通訳協会　事務局
〒169-0075　東京都新宿区高田馬場1-5-20
電話（03)3209-4741　FAX（03)3209-4993

【著者紹介】

向　鎌治郎（むかい　けんじろう）

日本通訳協会会長。米国ポートランド州立大学および慶応大学卒業。同大学院修了。
通訳ガイド養成所所長を経て、現在、特定非営利活動法人文際交流協会理事長およびカテナ文際交流センター所長を兼任。
主な著書に『英語通訳への道』（大修館書店、共著）『英会話オールラウンド教本』（研究社）『高校生の留学と国際交流』（三修社）などがある。

丸山祥夫（まるやま　よしお）

関東学院大学経済学部在学中、北米6大学で開催された戦後再開後初の「日米学生会議」の代表。大学卒業後、（財）国際文化会館を経て図書印刷（株）外国部長。現在は日本通訳協会通訳講座、早稲田大学エクステンション・センター、横浜YMCA語学専門学校の各講師。ジャパンタイムズ発行『週刊ST』に1年間連載。通訳学会会員。
英語資格マニアで英語通訳ほか12の資格を持つ。趣味はピアノ、ギター、オートバイ、スキューバダイビング、射撃、写真など多彩。

【編者紹介】

日本通訳協会

1973年4月創立。「通訳技能検定試験」（通称「通検」）「ボランティア通訳検定試験」（通称「V通検」）の実施および、通訳士の認定、通訳セミナーの実施等を行っている。

中学英語で通訳ができる

2000年12月5日　初版発行
2005年3月20日　第6刷発行
著　者　向鎌治郎／丸山祥夫
　　　　©MUKAI Kenjiro and MARUYAMA Yoshio, 2000
編　者　日本通訳協会
発行者　小笠原敏晶
発行所　株式会社 ジャパン タイムズ
　　　　〒108-0023　東京都港区芝浦4丁目5番4号
　　　　電　話　(03) 3453-2013（出版営業）
　　　　　　　　(03) 3453-2797（出版編集）
　　　　ジャパンタイムズ ブッククラブhttp://bookclub.japantimes.co.jp/
　　　　上記ホームページでも小社発行の書籍をお買い求めいただけます。
　　　　振替口座　00190-6-64848
印刷所　壮光舎印刷株式会社

定価はカバーに表示してあります。
ISBN4-7890-1025-2
Printed in Japan